Helmut Schödel

Der Wind ist ein Wiener

Reportagen für morgen

Mit einem Vorwort
von Jakob Augstein

müry salzmann

Jakob Augstein, geboren 1967 in Hamburg, ist Journalist und seit 2008 Verleger der deutschen Wochenzeitung „Der Freitag".

Über Helmut Schödel
von Jakob Augstein

Schödel ruft an. Das ist selten. Sonst schickt Schödel Mails. Nein, sonst lässt Schödel Mails schicken. Er hat kein eigenes Konto. Die Sache läuft, sagt er. Aber nicht in Gstaad. Sondern in Zürich. Sein Assistent sei gerade unterwegs nach Bali. Dem Milliardär hinterher. Natürlich kenne ich Schödels Assistenten. Aber der Milliardär? „Der Milliardär hat gesagt: Kommen Sie nach Bali, da besprechen wir alles." Schödel würde nie selbst nach Bali fliegen. Der Assistent ist unterwegs. Er kann alles vor Ort verhandeln. „Die Sache läuft jetzt. Es wird großartig." Keine Frage. „Mit Zeppelin, verstehen Sie", ruft Schödel, „oder Fesselballon, mal sehen. Jedenfalls mit Landung auf einem Platz mitten in der Stadt." Ja, sage ich, das klingt großartig, Zeppelin, Fesselballon. „Wir lesen Texte über Lautsprecher, während wir landen. Man wird uns über die ganze Stadt hin hören", ruft Schödel.

Ich traue mich nicht, zu fragen, wovon er redet. Erst mal zustimmen. Der Rest ergibt sich. Es war klar, dass es in Gstaad Schwierigkeiten geben würde, sagt Schödel, deshalb jetzt in Zürich. „Sind Sie dabei", fragt er. Und ich sage: „Natürlich bin ich dabei. Sie sagen, was ich tun soll." „Sie müssen dabei sein!", sagt Schödel. Und ich sage: „Natürlich!" und weiß immer noch nicht, worum es geht. Ich frage: „Warum macht der Milliardär das?"

Vielleicht bekomme ich auf diese Weise mehr heraus. „Tennis“, sagt Schödel, „es ist ein Tennismilliardär. Der hat Sehnsucht nach mehr, verstehen Sie?“ „Natürlich“, sage ich. „Wer ist sonst noch dabei?“ Da reißt die Verbindung ab, ich höre noch, wie Schödel ruft: „Alle, natürlich!“ Dann ist er verschwunden.

Ich gucke den Hörer an, was ich nicht oft mache, weil nur Leute im Film den Hörer angucken. Aber ich wundere mich nicht. Es ist buchstäblich alles denkbar, wenn Schödel involviert ist.

Schödel kam eines Tages die Treppe zu dem Büro hinauf, in dem ich arbeitete. Das ist Jahre her. Er war schweißüberströmt, das wirre Haar klebte ihm in der Stirn. Er begann zu reden, und mir war sofort klar, dass meine Aufgabe nicht darin liegen würde, ihn zu verstehen, sondern nur darum, seine Texte in die Zeitung zu bringen. Das habe ich gemacht und mache es immer noch. Denn Schödel, der weder die Statur noch das Temperament eines Abenteurers hat, ist einer der letzten großen Wahnsinnigen des deutschsprachigen Journalismus. Es gibt nicht mehr viele. Die meisten anderen hat der Alkohol dahingerafft, oder das Alter oder die Depression oder die Anpassung. Und man weiß nicht, welches davon das jeweils traurigere Schicksal ist. Aber Schödel ist noch übrig und verteidigt tapfer jenen schmalen Raum, der zwischen Möglichkeit und Vergeblichkeit liegt und der unter dem Angriff der Tatsachen und ihrer Ideologen zu verschwinden droht.

Mancher wird Schödel für einen Feuilletonisten halten. Aber das ist ein Missverständnis, wenn auch keine Kränkung. Das deutschsprachige Feuilleton ist inzwischen vermutlich das beste der Welt. Zu Beginn des neuen Jahrtausends war das nicht abzusehen. Damals begann in den Zeitungen eine Zeit des Sparens, die hätte dem Feuilleton gut und gerne den Garaus machen können. Üppiger sind die Zeiten seitdem nicht geworden. Im Gegenteil: Das Netz droht, die Anzeigen bleiben aus, die Leser sterben, das Geld wird knapp. Da läge es nahe, auch die „gelehrten Sachen“ zu beschneiden. So hieß das Feuilleton ja, als es Mitte des 18. Jahrhunderts vom genialen Verleger Johann Heinrich Voß in Berlin erfunden wurde. Tatsächlich sind die in Seiten gezählten Umfänge auch ein bisschen zurückgegangen in den vergangenen Jahren. Aber nicht die Qualität. Im Gegenteil. Es gibt Untersuchungen, nach denen die im Kulturressort gedruckten Texte heute länger sind als früher. Unter dem Eindruck der existenziellen Bedrohung haben die Ressorts mit einer ungeheuren Verfeinerung reagiert. Mit einer Spezialisierung auf hohem Niveau.

Die Feuilletons haben die Rolle übernommen, die hier früher die Universitäten und heute andernorts die Institute ausfüllen: Sie sind der Ort, an dem sich die Gesellschaft über ihre Zukunft Gedanken macht. Da die Fachbereiche der höheren Lehranstalten vor allem solche Kandidaten suchen, die sich auf die Einwerbung von Drittmitteln verstehen, zieht es die klugen Köpfe eher in die Redaktionen als in die Universitäten. Und die Kultur der renommierten – und gut dotierten – Think Tanks, die es in den USA und in England gibt, ist hierzulande erst im Entstehen begriffen.

Es ist ein bisschen die Leichtigkeit dabei verloren gegangen, das Spiel, das Überflüssige. Ist das der Grund dafür, dass Schödel nicht mehr so oft im Feuilleton der Zeitungen schreibt? Weil er das Kostbare liefert, nicht das Notwendige? Der ganze Mann ist natürlich schwer zu integrieren. Keine Frage. Für den politischen Teil ist dieser Autor zu feuilletonistisch. Und für das Feuilleton zu unpolitisch. Seine Texte haben keine Botschaft, keine Theorie, keine Quellen. Sie benötigen kein Anliegen. Es geht ihnen das Kämpferische ganz und gar ab. Sie belehren nicht, sie bekehren nicht. Sie kommen ganz gut ohne das bedeutungswollende Hilfswerk aus, mit dem sich manche Journalistenprosa einrüsten muss, um einigermaßen gerade zu stehen. Schödel schreibt einfach gute Texte. Und es wissen nicht viele, dass jeder gute Text immer auch ein politischer Text ist. Aber es sind Reportagen, keine Essays, keine Kommentare. Es ist Beobachtetes, Gelerntes, Gelebtes. Es ist eine kleine Ironie, dass der frühere Theaterkritiker und Dramaturg Schödel zu einem der besten und besondersten Reporter der deutschen Sprache wurde. Aber es ist kein Zufall. Dieser Autor hat sich im Lauf der Zeit vom Theater ab- und der Wirklichkeit zugewandt. Denn die Wirklichkeit ist die bessere Bühne, und die Fiktionen, mit denen das echte Leben aufwartet, sind durch die der Literatur nur schwer zu übertreffen.

Obwohl er aus dem Frankenland stammt, ist Schödel ein geborener Wiener. Er war in München und Berlin, sein Wesen konnte aber nur in Wien zur vollen Entfaltung gelangen, wo Kunstsinn und Kleingeistigkeit in einem epischen Ringkampf liegen und wo es bürgerliche Selbstverständlichkeit ist, die Kunst ernst zu nehmen, und bürgerliche Pflicht, sich gebührend über sie zu empören, und dabei immer ein bisschen Raum zu lassen für die mäßigende Erkenntnis, dass keine Wahrheit ewig währt.

Schödel ist ein Vertreter der Wiener Moderne après la lettre. Ein Literat der Kaffeehäuser, nur dass sie die Kneipen des 2. Wiener Gemeindebezirks sind oder des Prenzlauer Bergs. Da trifft er die jungen Friseure und die alten Freudenmädchen, die ehemaligen Zuträger der Staatssicherheit, die Trödelhändler und die Versicherungsvertreter. Aber Schödels Interesse beschränkt sich nicht auf die klebrige Romantik der Hinterhöfe und Eckkneipen. Mit der gleichen liebenswürdigen Gnadenlosigkeit, die er in Berlin den Gossengestalten angedeihen lässt, nimmt er sich des Tierarzts und der Hundetherapeutin der Wiener Oberschicht an, des Tierretters Michael Aufhauser, des Schauspielers Helmut Berger und des Regisseurs Heribert Sasse. Sie alle sind immer wiederkehrende Darsteller in Schödels zwischenmenschlicher Komödie, in der eben dieses Liebenswürdige und dieses Gnadenlose zu einer wohlwollenden Resignation und einer friedlichen Traurigkeit verschmelzen, was das Menschliche im Allgemeinen und das Wien-Berlinisch-Urbane im Besonderen angeht.

Schödel hat einmal über einen alten Offizier der NVA geschrieben und den Artikel beendet mit: „Er ist ein Berliner. Der klassische hoffnungslose Fall: kein Unglücksbewusstsein." Man sieht da schon, dass für Schödel gilt, was Robert Musil über Egon Erwin Kisch gesagt hat: Er ist ein „aus der Ewigkeitsschule davonglaufener Dichter".

Und Zürich und der Tennismilliardär? Auf die Auflösung dieser Geschichte warte ich immer noch. Schödel wird es irgendwann erzählen. Er wird darüber schreiben. Es wird großartig werden.

Das Einpersonendrama von Salzburg
Eine Begegnung mit Helmut Berger

Das Salzburger Sheraton ist ein angenehm ruhiges Hotel. Von der Hallenbar schaut man auf die Ausläufer des Mirabellgartens, der uralte Baum davor hat etwas Verwunschenes, und wenn es dunkel wird, sieht man auf dem Gehweg jenseits der Hotelterrasse ein paar Hundehalter beim Abendgassi den Radlern ausweichen. Man könnte hier den Lärm der Welt vergessen.

In der Bar nehmen ein äußerst korpulenter und ein zweiter, nur im Vergleich zu dem anderen relativ schlanker Herr Platz, den aber, kaum dass die beiden sitzen, ein Kellner in ungewöhnlich strengem Ton anredet: „Sie wissen schon, dass Sie hier Hausverbot haben." Was den Schlankeren nicht zu interessieren scheint, den Dicken aber in Rage bringt: „Wie sprechen Sie mit meinem Gast! Was fällt Ihnen ein! Ich will augenblicklich den Direktor sprechen!"

Der Dicke ist der Filmregisseur, Schauspieler und Autor Peter Kern, der andere Helmut Berger, der Weltstar aus der Visconti-Zeit, berühmt für seine Schauspielkunst und berüchtigt für seine Skandale. Mit beiden dringt das laute Leben in die Bar. Berger ruft einen anderen Kellner. Das Licht sei zu hell, man möge es dimmen. Ob man auch Steaks serviere, fragt er. „Selbstverständlich!" Stramm steht der Kellner da. „Aber ich mag keine", sagt

Berger nach kurzem Nachdenken, worauf Kern einen weiteren Schrei ausstößt: „Wollt ihr mich umbringen? Ich sterbe! Hier zieht's!"

Er beschließt, sich morgen sofort einen Hustenstiller für die Reise zu besorgen, denn die beiden treffen sich am Vorabend einer Reise nach Prag, wo Berger bei dem internationalen Febio-Festival einen Preis für sein Lebenswerk entgegennehmen und Kern seinen Film *Blutsfreundschaft* zeigen soll, mit Berger in dessen bisher letzten großen Rolle.

Seine Lebensfreundin, Herzogin Sylvia Serra di Cassano, wird schon morgen Vormittag in Prag eintreffen.

Berger, einst von der internationalen Presse als „the world's most beautiful man" gefeiert, ist ein alter Mann geworden, 67 ist er, und man sieht ihm sein exzessives Leben an, die Drogen, den Alkohol, die Nächte. Aber dieses Vergehen, die Grausamkeit der Biologie, trifft andere wahrscheinlich härter, denn es gehört zu Bergers phantastischer Begabung, über vieles hinwegzusehen, insbesondere über die Realität. In seinem noch vollen, blondierten, nach hinten gekämmten Haar steckt eine Sonnenbrille, fast wie früher, aber seine Körperhaltung, wie er so dasitzt, drückt eher einen gewissen Überdruss an allem aus.

Schaut man diese Barszene mit den beiden Herren wie eine Fotografie an, wirkt Berger wie hineinkopiert. Vollkommen solistisch und ohne Zusammenhang mit seiner Umgebung.

Zu den beiden Herren gesellt sich eine junge Frau, entwaffnend freundlich und herzlich. Sie hat Berger bei Auftritten gecoacht und ist auch jetzt um sein Wohlbefinden bemüht, war lange Jahre auch bekannt mit seiner vor zwei Jahren verstorbenen Mutter, in deren kleiner Wohnung Berger lebt.

Man wechselt an einen größeren Tisch in der Halle und diniert. Was für Berger nicht unbedingt essen heißt, sondern vor allem bestellen. Er entscheidet sich für Rinderhack und lässt alles stehen. Auch das Currygemüse mit Reis bleibt so unberührt wie die Schoko-Crêpe danach. Er bevorzugt seine weißen Spritzer. Dass seine sinnlosen Bestellungen seinen Gastgeber Peter Kern Geld kosten, tangiert ihn nicht. Er hat zu Geld keine Beziehung.

In den siebziger und achtziger Jahren war er der Inbegriff des Jetsetlebens, und wenn er mit seinem Lebensgefährten, dem berühmten Regisseur Luchino Visconti, ausging, bestellte man nicht einen Tisch, sondern ein ganzes Lokal. Da fällt ein Gemüsecurry im Sheraton nicht ins Gewicht. Aber dann bricht doch noch die Realität in den Abend ein.

Die junge Frau gibt, sicher nicht zum ersten Mal, zu bedenken, dass Bergers finanzielle Versorgung prekär sei, 230 Euro Rente, und dass man endlich etwas tun müsste. Die Wohnung zu veräußern, sei nicht empfehlenswert und brächte höchstens 200.000 Euro. „Ich hätte doch nie gedacht“, sagt Berger, „dass es so weit kommt. Vier große Filme im Jahr, man glaubte doch, das geht so weiter. Und vom Geld einen Rolls, aber doch keine Rücklagen.“ Ohne Jammerton sagt er: „Kann man sich nur aufhängen. Ich denke täglich darüber nach.“

Auch mit großen Problemen geht er überraschend sachlich um und ist immer noch zu Dummheiten aufgelegt. Er will einen Salzstreuer einstecken, weil er gern sinnlose Kleinigkeiten mitgehen lasse. „Tu's nicht", bittet die Salzburger Freundin, erinnert ihn an den Verweis des Kellners und erklärt zugleich Kern: „Er sammelt oder hortet nicht, schlimmer noch, er schenkt es weiter."

Es war wohl auch nie vorgesehen, wieder nach Salzburg zurückzukehren. Nichts wie weg wollte er und sich ins Leben stürzen. Bloß nichts mit Hotellerie zu tun zu haben, was sich die Eltern gewünscht hätten. Was scherte ihn das Salzburger Land. Er ging schon als Teenager in die Schweiz, dann nach Jersey und von dort in das damals noch swingende London, wo er sich Geld für Schauspielunterricht verdienen wollte und als Kellner jobbte, bevor er Eingang in die gehobene Künstler- und Hippie-Szene fand.

1963 reiste er nach Italien, um in Perugia italienische Sprache, Geschichte und Literatur zu studieren. In Volterra begegnete er Luchino Visconti. Damals war er 20 Jahre alt, wurde bis zum Tod des Regisseurs dessen Lebensgefährte und mit seinem Auftritt als Martin Essenbeck, dem jungen Erben einer deutschen Großindustriellenfamilie in Viscontis *Die Verdammten*, 1969 zu einem der weltweit gefragtesten Schauspieler und zugleich zum ständigen Thema der Boulevardpresse.

Heute sagt er, dass ihm alles irgendwie zugeflogen sei, er habe nicht viel nachgedacht, sei auch nie ein politischer Mensch gewesen. „Wenn es Abend wurde in Rom, traf ich Anita Ekberg oder Ava Gardner oder Marcello Mastroianni, und dann fragte man, wo was los ist, und fuhr hin. Das war das Dolce Vita. Tagsüber fuhr ich nur mit dem Mini und abends nur mit dem Rolls-Royce. Auch dass ich die Beatles kannte, ist keine besondere Sache. Ihre Sekretärin rief bei Luchino an und fragte, ob er ein Essen geben wolle, die Beatles seien in Rom. Er sagte ja, obwohl er die Beatles damals wahrscheinlich gar nicht wirklich kannte. Aber es war ja ein Riesenhaus mit Wäscherei und Koch und vielen Angestellten, und so kamen sie, und man lernte sich kennen."

Aber damit ist es jetzt vorbei, und vor dem Salzburger Sheraton fährt am Tag nach dem bemerkenswerten Abend ein Wagen aus Prag vor, zu Kerns Entsetzen ist es nicht die angekündigte Limousine, sondern ein Landrover. Er kann sich kaum hineinzwängen, und zu Hause wartet Berger und lässt telefonisch wissen, dass er nur „mit einem bequemen Auto und einem schönen Fahrer" reisen werde. Nach einem Hin und Her von fast zwei Stunden entschließt man sich, trotz der Widrigkeiten loszufahren, zumal doch Herzogin Sylvia bereits in Prag wartet.

Der Fahrer, der Bergers Gepäck im vierten Stock des Hauses abholt, sieht sich für den geplanten dreitägigen Aufenthalt mit zwei riesigen alten Louis-Vuitton-Koffern und noch mehr konfrontiert, darunter eine Decke, die sich später als „echter Ozelot" herausstellen wird und furchtbar nach Mottenkugeln stinkt.

Die enge Zwei-Zimmer-Wohnung mit dem Balkon, vor dem schon vor der Abreise die Jalousien heruntergelassen sind, wirkt auf fast symbolische Weise dunkel und merkwürdig unaufgeräumt. Sie scheint weniger als Wohnung, eher als Unterkunft gebraucht zu werden. Dieser Kleinbürgergeschmack, die vollkommene Abwesenheit von Luxus, die drangvolle Enge müssen an seinen Nerven zerren.

Hier lebte er mit seiner Mutter, als er vor neun Jahren nach vier Jahrzehnten in Italien zurückkam, hatte nicht mal ein eigenes Schlafzimmer, bis ihm jemand die Nachbarwohnung auf Zeit zur Verfügung stellte. Er habe zwischendurch wochenlang im Sheraton gewohnt, weil er es mit der Mutter in der Wohnung nicht aushielt. Sie mochten sich, aber verstanden sich nicht. „Sie hatte nicht diese Mütterlichkeit, hat immer geschrien."

Mit einer alten Bürste, die auf dem Couchtisch herumliegt, fährt er sich durchs Haar und nimmt noch einen Schluck aus der Bierdose, während im Vorraum der Anrufbeantworter dröhnt. Das ist Kern, der aus dem Auto, das unten auf der stark befahrenen Straße wartet, ungeduldig anruft. Mit dem Verlassen der Behausung tritt Berger wieder in seine alte große Welt ein, behauptet, ihm gehöre die gesamte vierte Etage und deutet lässig auf drei Wohnungen: „Die, die und die werde ich verkaufen." Er denke an einen Bungalow auf Ibiza. Dann besteigt er den Landrover, der bereits nach Mottenkugeln stinkt, und telefoniert mit der Herzogin, die bereits die gemeinsame Suite im Prager Hotel Interconti bezogen hat. „Was? Keine Blumen auf dem Zimmer? Kein Obstkorb?" Berger bebt vor Entsetzen. Dass es so nicht gehen werde, erklärt er nach dem Telefonat. Man werde womöglich das Hotel wechseln müssen.

Schon nach gut zwanzig Kilometern stoppt der Wagen an einer Autobahnraststätte am Mondsee. Helmut Berger hat seine „grüne Tasche" vergessen. „Alles drin. Ausweis, Aftershave, sechs Brillen und Geld." Er bittet darum, umzukehren. Ohne die grüne Tasche werde er unter keinen Umständen reisen. Er nehme die Maschine um 19.15 Uhr. Kern gelingt es, ihm zu erklären, dass er keinen Ausweis brauche, in Prag Geld ohnehin bekomme und man dort auch Aftershave kaufen könne. Außerdem, wer braucht sechs Brillen! Unter Protest steigt Berger wieder ein, und der Landrover setzt seine Fahrt fort.

Kern lässt die Klimaanlage abstellen, weil es zieht, und Berger raucht eine nach der anderen. Kern hustet demonstrativ. „Du hast dich verkühlt gestern Abend", sagt Berger qualmend.

Als der Wagen gleich nach der tschechischen Grenze in einer schönen Hügellandschaft bei einem einsamen Gasthaus hält, eskaliert die Situation. Berger schreit, es sei egozentrisch und unmenschlich, sein Problem mit der grünen Tasche nicht ernst zu nehmen, und Kern weist den Fahrer an, das Gepäck Bergers aus dem Auto zu entfernen und ihn stehen zu lassen. Aber da krabbelt Berger schon in den Wagen, und die Fahrt geht weiter.

Eigentlich ist Helmut Berger ein sehr empfindsamer, freundlicher Mensch. Ein alter Mann in einer Salzburger Wohnsiedlung, der mit der Gesellschaft der Stadt kaum Kontakt pflegt, sich seine Pizza vom serbischen Italiener um die Ecke bringen lässt, ein stiller Zecher, eingeschworen auf Dosenbier, und sich Filme im Fernsehen anschaut. Aber wenn er dann nach draußen gerufen wird, zu einem Dreh, einer Talkshow, einem Interview, ruft er die Allüren von damals wieder ab, wiederholt die Exzesse, fordert Höchstgagen, spielt ein bisschen Dolce Vita, aber traurigerweise als Einpersonendrama, weil alle Freunde aus der großen Zeit schon tot sind.

Romy Schneider sei an seinem Geburtstag gestorben. Und jetzt ist auch noch Liz Taylor tot, mit der er bis zuletzt schriftlichen Kontakt hatte. „Das ist doch stillos, dass man sie in Los Angeles bei Michael Jackson beerdigt hat, statt in der Nähe von Richard Burton." Er spüre eine unglaubliche Verflachung überall.

Berger blieb auch nach Viscontis Tod im großen Filmgeschäft, hat im dritten Teil des *Paten* gespielt, aber auch als Gaststar im *Denver Clan* elf Folgen absolviert. Immer schneller und billiger sei alles geworden. Das musste für ihn, dessen wesentlichste Rolle der bayerische Märchenkönig war, in Viscontis *Ludwig II.*, besonders unerträglich sein.

Für seine sensationellste Leistung musste er dem König von Bayern gefährlich nahekommen. Erst seinem Wahn, dann seiner Einsamkeit. Niemand konnte eine solche Erscheinung spielen wie er. Berger war kein Beau, kein Schönling, sondern ein Mann von atemberaubender Schönheit. Seine hohen Wangenknochen gaben ihm etwas Aristokratisches. Aufgedunsen und mit zerstörten Zähnen fiel Berger als Ludwig in dessen letzte tiefe Depression.

Er scheint ihn auch jetzt im Alter nicht loszuwerden – eine Schicksalsbruderschaft. Er spielte den jungen König mit überwältigendem Pathos und erreichte diese Momente, in denen die Stars des Kinos zu Göttern werden. Realitätsverlust im Privaten als Folge. Er nehme einfach alles als „Erfahrung", was nütze es schon, Fehler zu bereuen, tröstet er sich: „Wenn ich alles unter dieser Perspektive betrachte, werde ich ruhiger." Und wenn ihn jemand frage, ob er „der" sei, sage er „jaja".

Nach der Ankunft in Prag trifft er sich mit seiner Lebensfreundin in der Interconti-Bar. Am nächsten Tag wird kolportiert, er habe spät noch weiße Rosen in die Suite bestellt und patzig reagiert, als sie nicht kamen. Die Pressekonferenz am nächsten Tag verschläft Berger. Kern rettet die Situation, belehrt und unterhält die Journalisten zu deren größtem Vergnügen.

Aber am Abend, bei der Verleihung des Preises durch Václav Havels Gattin, der ehemaligen First Lady Tschechiens und selbst Schauspielerin, hat Berger wieder das internationale Format des Champions. Souverän nimmt er die Ehrung entgegen. Er hat sich ein Trachtensakko angezogen, um eine Nähe zu Ludwig herzustellen, weil anschließend Viscontis Film gezeigt wird. Herzogin Sylvia trägt wieder einen atemberaubend kurzen Rock, eine lebensfrohe, fast burschikose Frau, die ihren Lebensfreund an der kurzen Leine durch den Abend führt.

Zuvor hatte sich Berger Peter Kerns Film *Blutsfreundschaft* angeschaut. Berger spielt einen Homosexuellen, der in jungen Jahren seinen Freund unter den Foltern der Gestapo an die Nazis verraten hat. Der Freund wurde hingerichtet. Der Alte hat sich in sich selber verkrochen und führt pflichtschuldig und demütig eine Wäscherei, die fast schon ein Museum ist. Da tauchen Neonazis auf und führen ihn in die Schrecken seiner Geschichte zurück.

Auch am nächsten Tag verhält sich Berger beim Festival höchst diszipliniert und holt mit großem Erfolg die Pressekonferenz nach. Im Grunde scheinen ihm seine Auftritte auch ein bisschen peinlich zu sein. Er will letztlich niemandem schaden. Es ist auch weder lächerlich noch erbärmlich, was er tut. Schade ist es, dass es angesichts der Lage so sein muss.

Vor dem Tod fürchte er sich nicht, sagt Berger. Vielleicht sei Sterben etwas wie einschlafen und träumen, nur einen winzigen Schritt von hier entfernt, in einer anderen Dimension. Er wisse auch, woran er sterben wolle: „An einer Überdosis. An einer Überdosis von etwas sehr Angenehmem. Das kann auch Liebe sein." Sex sei doch etwas Wesentliches in seinem Leben gewesen. „Ich habe vieles nicht an mich herangelassen und in Rom – *no sex*. Wie ich in Paris war oder anderswo, ja." Dann war die Visconti-Villa doch so etwas wie ein Zuhause, eine Art Nest? Aber das scheint nicht zu seinen Vorstellungen vom Leben zu gehören. „Ich war immer sehr selbständig", sagt er. „Um 20 Uhr war Abendessen. Luchino hat sich oft schon um 22 Uhr zurückgezogen, und ich habe mir einen Schlüssel für den Personaleingang besorgt. Dort holten mich Freunde ab, und wir gingen bis fünf Uhr aus." Vielleicht habe Visconti schrecklich gelitten, argwöhnt Kern.

Bei einer Einladung des österreichischen Kulturattachés stehen im Restaurant weiße Blumen auf dem Tisch. Berger isst wieder nichts, und Kern lässt sich einen Schweinsbraten mit böhmischen Knödeln schmecken.

Am nächsten Tag ist Abreise. Die Herzogin sitzt schon im Flugzeug, um in Madrid ihren gesellschaftlichen Verpflichtungen nachzukommen und sich anschließend um ihre Finca auf Ibiza zu kümmern. Berger schläft noch. Er sei bis fünf Uhr morgens aus gewesen, heißt es. Als er dann am frühen Nachmittag abreist, bedankt er sich beim Organisator mit den weißen Blumen aus dem Restaurant.

Jetzt sitzt er wieder in seiner Salzburger Klause, mit Dosenbier und Filmen im Fernsehen. Und er hat wieder so was Stoisches. Fast wie der Alte in Kerns Film. Ein großer Mann aus einer großen Zeit, der mehr Unterstützung verdient hätte.

Helmut Berger war, wo wir nie sein werden. Und er ist dem Märchenkönig noch immer gefährlich nahe.

(2011)

Am Praterstern
Frau Schubsi und die Horacek

Das Viertel muss früher dunkel gewesen sein, die grauen, fünfstöckigen Hausfassaden fast schon schwarz vom Ruß und den Abgasen, enge Häuserschluchten, die nachts ein bisschen Farbe bekamen von den Rotlichtfunzeln an den Etablissements mit den „Mädchen". Im stadtbekannten Cabaret „Renz" versackten auch Herrschaften aus nobleren Bezirken, und drumherum regierten die alten Wiener Strizzis, die auf ihre Szene-Namen hörten. Der mächtigste war der „Gschwinde", der „deutsche Willi" betrieb eine eigene kleine Kaffeehaus-Kaschemme, und in der „Gulaschhüttn" ums Eck traf sich frühmorgens die Unterwelt.

Die Häuser waren damals, in den sechziger, siebziger Jahren und darüber hinaus, noch nicht weiß, gelb oder rot angestrichen, der 2. Wiener Gemeindebezirk, gleich beim Prater, war noch nicht auf dem Weg zum nächsten In-Viertel mit koksenden Leistungsträgern und abtanzenden Jung-Dodln in der „Praterdome-Disco". Hier war Wien damals noch anders. Viele bekommen einen Sehnsuchtsblick, wenn davon erzählt wird, und andere staunende Augen, wenn ich meine Wiener Adresse nenne: Novaragasse. Denn hier war das Zentrum vom Ganzen, wie mir jetzt nach und nach auffällt, die Hotels, die Beisln, die Stundenzimmer, die Machos, die Mädchen, die Spieler. Wenn der Mond aufging über dem Zweiten, hieß es: „Johnny, mach rasch!"

Zum Haus, in dem ich wohne, gehört bis heute ein sogenanntes „Gassenlokal", also eine kleine Wohnung mit einem eigenen Hauseingang, wo eine freundliche Frau namens Schubsi mit 78 noch immer, obwohl sie es nicht müsste, ihrem Gewerbe nachgeht, für noch lebende Stammkunden und Studenten. Im Café Heine, einer meiner Schreibstuben, verkehrten damals die Freistilringer vom Heumarkt, balgten sich die Mädchen neben der Jukebox, und am Abend kamen die Schach- und Tarockspieler, die bis über die Sperrstunde hinaus blieben, wenn das Hauptlicht schon ausgeknipst wurde, und der Nachtkellnerin „a guade Maut", also ein anständiges Trinkgeld hinterließen. „Es war a herrliche Zeit", behauptet die Serviererin heute noch. Auch Bundeskanzler Bruno Kreisky sei nicht nur einmal dagewesen und habe alle mit Handschlag begrüßt, schließlich steht fast nebenan das „Haus der Begegnung" der österreichischen Sozialdemokraten.

Gute Zeiten? Frauen als Freudenmädchen. Machos als Zuhälter. Spieler beim „deutschen Willi". Geschossen wurde auch, aber meistens daneben, wie man hört, ein glücklicher Nebeneffekt der zahlreichen Promille. Diese Geschichten über das „Milljöh" der Stadt gehören zu den mythischen Nebeln, die sie umwabern wie ein österreichisches Avalon, durch das die gescheiterten Fräuleins aus Horváth-Dramen geistern, die sich verzweifelt in die Donau warfen und zu klassischen Gespenstern wurden. Dazu kommen die Fledermäuse der Operettenstadt, und schon ist es so dunkel wie in den hohen Räumen der alten Selbstmörderwohnungen in den Gründerzeithäusern, in denen im Treppenhaus oft noch die Wasserbecken für das Stockwerk erhalten sind. Es war der Treffpunkt für Tratsch: „Früh um sechs isser aussigfalln bei der Schubsi, der Sedlacek." Oder Alltagsbanalitäten: „Die Badezimmerleichtn is ma eingangа, Frau Mizi." Aber das war dann noch früher.

Im einschlägigen Café Else treffe ich die Frau, die man Schubsi nennt. Dass man sie als Sexualobjekt missbraucht habe, sage ich, und ob sie die Männer nicht hasse. Aber sie wirkt sehr fröhlich. „Nein, überhaupt nicht", auch der „Gschwinde" sei einer ihrer besten Kunden gewesen. Sie habe immer alles auf eigene Faust gemacht – ohne Zuhälter. Immer selbständig und freiwillig. Sie sei ja ein Lebemensch, auch das Trinken genossen, vier Packerln geraucht am Tag, jede Menge Geld verdient. Die Wiener Zuhälter von damals seien auch „Kavaliere" gewesen, die Mädchen mit dem Fiaker ins „Lusthaus" fahren lassen, ein bekanntes feines Praterlokal, und wieder zurück. Nach der Arbeit sei sie noch ins „Renz" gegangen, wo in der Früh eine Studentin Lieder sang. Eine tolle Zeit sei es gewesen, bis vor zehn oder fünfzehn Jahren.

Dass sie doch sicher katholisch sei, sage ich, und sie lacht mich an: „Natürlich! Auch der Pfarrer von der Kirche ums Eck ist wöchentlich nach der Messe zu mir gekommen." Im Café Else sitzt noch ein anderes betagtes Freudenmädchen, wirkt einsam und wartet. „Viele samma nimma", sagt Frau Schubsi, „manche san schon in Pension, andere verstorben."

Gegenüber von Frau Schubsis Stammlokal wohnte mit ihrem Gatten Frau Horacek, meine kürzlich verstorbene Hausbesorgerin, warmherzig und großzügig, obwohl sie am Ende ganz alleine war, 78, Mindestrente. Früher betrieb sie mit ihrer Schwester ein Wirtshaus, die „Reblaus“. Sie stand in der Küche, und Alois Horacek balancierte die Schnitzel, das Reisfleisch und die Eierspeis zu den Tischen. Ein klassischer Wiener Vorstadttyp, wie die Fotos zeigen: Mittelscheitel, die oberen drei Hemdknöpfe über der behaarten Brust geöffnet, und seinem durchaus freundlichen Gesicht sieht man den Schnitzel-, Bier- und Branntweinkonsum an.

Ein bürgerliches Lokal war die „Reblaus“. Aber im 2. Bezirk musste es trotzdem einen Tisch für die Mädchen geben. Frau Horacek sorgte sich um sie. Einmal brauchte Frau Schubsi von jetzt auf gleich 350.000 Schilling, also 25.000 Euro, für ihren damaligen Freund, einen schwer alkoholsüchtigen Taxifahrer. Die Horacek lieh es ihr auf Handschlag.

Sie war furchtlos – auch nachdem ihr Mann gestorben war und es im Viertel oft rau zuging. In den umliegenden Lokalen wäre es oft nötig gewesen, an der Tür auf einem Zettel ein Ersuchen zu platzieren: „Die Gäste werden höflichst gebeten, die Lokalität ohne Messer zu betreten.“ Aber dass es keinen Sinn gehabt hätte, wussten sie auch, weil die Spieler beim „deutschen Willi“ im Streit sowieso ein Messer in die Hand des Gegners stachen, wie Frau Schubsi erzählt. Von ihr erfahre ich auch, wer früher meine Wohnung gemietet hatte: drei Mädchen mit zwei Papageien, einem Rottweiler und einem kleinen Affen. „Lustig war’s, das können’s glauben“, sagt Frau Schubsi.

Meine Frisörin hat in jener Zeit ihr Geschäft eröffnet, die beigen Frisierhauben, die an der Wand befestigt sind, hat sie bis heute nicht ausgetauscht. An jedem Frisierspiegel ist eine Grabsteinwerbung angebracht, „Alte Grabsteine wie neu!“, was man nicht unmittelbar auf sich selber beziehen darf. Wenn sie sich ihre Brille aufsetzt, auf ihrem Kaugummi herumkaut, wäscht, dann zur Schere greift, hofft man einfach, dass trotz ihrer Peg-Bundy-Frisur auch für ihre Arbeit gilt, was der Grabsteinservice verspricht: „Keine Risse, keine Vermoosung, kostengünstige Sanierung.“

Hier ließ sich auch Frau Horacek ihre Dauerwellen verpassen, früher eine schöne Frau, auf Jugendfotos ein liebes Wiener Mädel, das sich allerdings schon mit dreizehn herausnahm zu rauchen und später eine stramme Kettenraucherin wurde. Sie wusste wohl, dass zu jedem richtigen Menschen Fehler gehören und man uns nicht um unserer Erfolge willen lieben sollte, sondern wegen unserer Schwächen. Das prägte ihren nachsichtigen Blick auf ihre nicht immer einladende Umgebung.

Als sie dann alt war und arm, weil Großzügigkeit und Reichtum einander ausschließen, stand sie am Fenster ihrer kleinen Mietswohnung im Parterre, neben sich eine verwöhnte Katze, und rauchte. An den Wochenenden fuhr sie zu ihren einzigen Freunden in ein ausgebautes Badehaus an der Alten Donau, im Gepäck eines ihrer Brathendl oder Marillenknödel. Dazu Leckerlis für den Hund und irgendetwas für die Kinder. So wenig konnte sie gar nicht haben, dass nicht doch etwas für andere übrigblieb.

Nach dem Niedergang der alten Unterwelt, der Ganovenmoral, der Exzesse, aber auch der mafiosen Aufgehobenheit in einer geschlossenen Welt, waren nur noch

Kleinkriminelle von geringem Verstand und der Notstrich übriggeblieben. Taschendiebe und Überfälle machten sich im Viertel breit. Die Verkommenheit hatte ihre Traditionen verraten und war noch tiefer gefallen. Frau Horacek konnte sich darauf keinen Reim mehr machen. Einmal sagte sie, die nie schlecht über Menschen redete, dann doch noch, hinter vorgehaltener Hand: „Gsindl!" Ein Dieb hatte ihr beim Anstellen an der „Penny"-Kasse die Tasche weggerissen. Als sie neulich auf dem Stammersdorfer Friedhof beerdigt wurde, ging eine Epoche im Zweiten zu Ende. Frau Horacek hinterließ uns ein Vermächtnis, das wir gut brauchen können: Anstand ist keine Frage der Umstände.

Im Haus wird jetzt ein Nachmieter für Frau Horacek gesucht, wird gerade ein Aufzug eingebaut, und mit dem Ausbau des Daches für Terrassenwohnungen soll bald begonnen werden. Wie lange es Schubsis Gassenlokal geben wird, weiß keiner. Der Nordbahnhof am Praterstern ist renoviert, der U-Bahn-Anschluss komplettiert, die Mieten steigen. Im Zweiten hausten in Praternähe die Letzten. Sie werden jetzt nicht die Ersten sein. Die kommen vermutlich bald von draußen. Zur Übernahme.

(2010)

Ich hab mich in die Herzen der Loser geschlichen

Eine Begegnung mit Manfred Deix

In Krems an der Donau, eine Autostunde von Wien entfernt, wo schon die Wachau beginnt, steht im Ortsteil Stein ein „Haus der Karikatur", gebaut von dem Wiener Architekten Gustav Peichl, der unter dem Pseudonym Ironimus auch als Karikaturist bekannt ist. Das Karikaturmuseum nennt man vulgo Deix-Museum, weil im Erdgeschoss die Ausstellungen wechseln, aber das gesamte Obergeschoss für das Werk von Manfred Deix reserviert ist, den berühmtesten Karikaturenzeichner Österreichs, der seine Landsleute bis aufs Zahnfleisch entblößt – Wohlstandsvarianten bäuerlicher Ahnen, denen die Leberknödl als Pestbeulen aus dem Gesicht wachsen. Kleinhirne mit Übergrößen – des Wahnsinns fette Beute. Das ist der Deixsche Österreicher.

Das Dach des Museums sieht aus wie unregelmäßige Zacken einer Säge. Die Zacken stellen zugleich ein Alpengipfelpanorama dar, über das eine Bergspitze wie der Hut eines Zauberers hinausragt. Darunter simulieren zwei erleuchtete Fenster Augen und rotes Licht darunter die Clownnase dazu. Als Dach des Museums: ein Österreicher mit einem gezackten Rücken, ein alpenländisches Euro-Krokodil, aus dessen Innerem das fröhliche Lachen der Museumsbesucher dringt. In kaum einem Museum wird so viel gelacht. Junge Eltern erklären ihren Kindern den Deixschen Blick und gehen anschließend essen: in ein kleines Wirtshaus, das sich neben dem Museum hinduckt wie eine Heurigenstation in einem Wiener Weinvorort.

Der „Wachauer Suppentopf" ist hier eine wahre Rindfleischsymphonie mit Karotten al dente und einer Nudeleinlage. In Wien isst man so gut nur in Nobelrestaurants zu überteuerten Preisen. Es ist, als wolle Deix seine Verehrer zugleich vom Fritteusenfett und den Panaden erlösen. Sollte jemals eine Revolution Österreich erschüttern, daran lässt Deix keinen Zweifel, dann käme sie aus den Gulaschtöpfen und den Schnitzelpfannen: neue Rezepte, die den Hirnen seiner Österreicher nicht mehr das Blut entziehen.

Bevor es das Museum gab, war das hingeduckte Wirtshaus eine Station für Gangsterbräute, „zahnlos und tätowiert", wird Manfred Deix später sagen. Denn auf der anderen Straßenseite liegt Österreichs berühmtestes Gefängnis, die Justizanstalt Stein mit 700 Insassen, in der Regel schwere Fälle, Lebenslängliche. Jetzt ist die Straße eine Meile für das Kulturvolk und das Wirtshaus mit Holzdielen und karierten Tischdecken in der Schankstube eine Schlemmerstation, auf dem „Schwechater"-Bierfilz ein Deix-Zwitter: „Wenn mir fesche Männer winken, muss ich gleich a Seidl trinken." Bald wird neben dem nahe gelegenen Bootssteg der Donaudampfschifffahrt ein sieben Meter hoher Deix-Österreicher stehen, halb nackt und beleuchtet wie ein Christbaum, um die Donau-Touristen zum Aussteigen und in das Kremser Museum zu locken, dessen Besuch sich für sieben Euro pro Erwachsenen auf jeden Fall lohnt.

Im Wirtshaus neben dem Deix-Museum warte ich auf den Meister, und es ist schon eine halbe Stunde über der vereinbarten Zeit, als ein Anruf kommt: „HamS Eahna scho angsoffen? SanS scho vollgfressen? HamS drei Hurn dabei? I komm und zahl alles!" Manfred Deix, ganz offensichtlich im Zwiegespräch mit einer seiner Figuren, wie halt Deix-Österreicher miteinander reden, entschuldigt sich damit, dass er ein Tierfreund sei. Er habe 65 Katzen und zwei Hunde, die alle ins Haus gebracht werden müssten, bevor er ausgeht. Sonst käme womöglich der Dachs. „Der Dachs", sagt der Deix.

Er ist ein sympathischer Mann mit Eigenheiten, der mir als „very special guide" noch Tipps für einen Wien-Besuch geben soll. Seine Erzählung beginnt in Böheimkirchen im Wiener Wald, wo er als Sohn eines Gastwirts aufwuchs und als Schankbursch „für rotbackige Bauern" arbeitete. Einmal im Jahr seien die Bauern nach Wien gefahren, in den Sündenpfuhl, und hätten dann die abenteuerlichsten Geschichten aus der Großstadt erzählt. „Ich dachte, da muss ich hin", sagt Deix. „Kaum setzt du einen Fuß vor den anderen, schon packt dich der Dschungel an."

Wien war für ihn von Anfang an nicht die Stadt der Walzer, Sängerknaben und Lipizzaner, sondern in seinen erotomanischen Sehnsüchten vielleicht eine verführerische Frau, halb Grande Dame und halb Barschlampe. Er habe dann mit 16 auf der Wiener Grafikerschule studiert – zusammen mit Helnwein und Bernhard Paul, der später den Zirkus Roncalli gründete. Es sei ein dunkles und verregnetes Wien gewesen, das er vorfand und das für ihn trotzdem der Nabel der Welt blieb. Auch heute noch sei Wien für ihn New York, eine schöne und eine heilige Stadt, in der er sich fühle „wie im Mutterbauch". Im Sommer sei es sein Mailand und sein Florenz. Die Innenstadt sei durchaus vergleichbar, vor allem in der warmen Jahreszeit, wenn das Leben auf den Plätzen, in den Wirtsgärten und Heurigenstationen stattfindet.

Wie sollte man sich denn Ihrer Geliebten nähern, Herr Deix?

Trink an Kaffee! Wien ist die Stadt der Kaffeehäuser. Ich habe zehn Jahre lang dort versessen und mich nicht um meine Karriere gekümmert. Ich wollte einfach nicht zu Hause sein. Man hat sich mit Freunden getroffen, geredet und gelacht. Meine Leute sind inzwischen häuslich. Aber die Kaffeehäuser sind geblieben.

Welche Kaffeehäuser meinen Sie? Es gibt mindestens 90.

Das „Dobner" am Naschmarkt gibt es nicht mehr. Da traf man bis in die sechziger Jahre Spieler, Schwarzhändler ... Es war ein Anarchistencafé für Linke, wo die Maoisten die Trotzkisten mit Stühlen beworfen haben. Es gab auch einen Stammtisch für Taubstumme, die sich ebenfalls gestritten haben. Aber das war leise und durch die Zeichensprache gleichzeitig hochdramatisch.

Die Kaffeehäuser an den Marktplätzen sind sowieso die besten.

Zum Beispiel das „Drechsler", das es noch immer gibt. Liegt auch neben dem Naschmarkt an der Linken Wienzeile und hat früh um vier Uhr schon geöffnet, weil dann die ersten Standlbesitzer kommen.

Tagsüber ist es auch eine Station für Leute, die in den Dependancen der Kunstakademie arbeiten.

Alles, was in Wien mit Kunst zu tun hat, stößt mich ab.
In den Lokalen in der Bäckerstraße im 1. Bezirk, dem „Oswald & Kalb", dem „Neu Wien", wo auch das Kunstvolk verkehrt, kann man aber sehr gut essen!

Das ist die verlogene Kunstschickeria. Das schreibsd bitte. Die ist ohne menschliche Qualitäten. Ich will mit diesen wohlhabenden, verwöhnten Gesichtern nichts zu tun haben. Ich brauch keinen Künstler wie Hermann Nitsch am Nebentisch.
Und wo soll man dann sein Wiener Schnitzel essen?

Im „Birner" zum Beispiel. In Wien-Floridsdorf, an der Oberen Alten Donau. Das ist ein Lokal! Das Essen wird über eine stark befahrene Straße auf riesigen Tabletts in den Gastgarten getragen. Um die Schnitzl wär's auch schad. Aber besonders um die Burschen. Die balancieren die Tabletts in Lebensgefahr über die Straße. Die Kellner haben, wie es sich gehört, ein grünes Gilet an, eine gefälschte Rolex-Uhr an der Hand und Goldkettchen um den Hals. Die Autos hupen, und die Kellner bleiben höflich. Echte Wiener Strizzis mit besten Manieren. Dort ist Wien echt, und das Essen ist wunderbar.
In den Außenbezirken.

Im „Schwarzen Adler“ in der Schönbrunner Straße gibt es die beste Leberknödelsuppe der ganzen Welt.
Wo sitzen eigentlich die Österreicher, die wir von Ihren Zeichnungen kennen?

Im „Schweizerhaus“ im Prater. Dort gibt es die besten Stelzen. Du tätst sagen Schweinshaxen.
Und wo sollte man seinen Kaffee trinken?

Im „Café Museum“, abseits der Oper, dort saß ich auch.

Und Dichter wie Ernst Jandl und, glaube ich, auch Elfriede Jelinek. Dort gibt es Kaffee und Zeit. Zeit zum Leben – das ist Wien. Eben doch ein einziges Walzerdelirium.

Man muss sich Zeit nehmen für die Loser der Stadt, die das Leben bunt machen. Es gibt ein anderes Wien. Das war mein Hörsaal. Ich habe mich in die Herzen der Loser geschlichen.

Sie raten dem Wien-Touristen nach dem Prater-Besuch, einer Sachertorte mit Schlag und dem Defilee vor den Ehrengräbern des Zentralfriedhofs zu einer Safari durch die Wiener Unterwelt?

Dort findet das Leben noch statt.

In der Vorstadt, die unsereiner nur von Nestroy kennt.

Einmal habe ich in einem Naschmarkt-Café einen getroffen, der hatte dieses raue Wiener Underground-Organ, diesen Bukowski-Touch und nur noch ein paar Fangzähne im Mund, wie man sie zum Leben braucht. Er hat sich als Bauunternehmer ausgegeben und behauptete mir gegenüber, dass er den Deix kennt. Hat ihn gegen alle meine Einwände verteidigt und gesagt: „Horch ma zua, der ist hochtalentiert, der Fredl."

Auch die Letzten von Wien sind noch Kulturträger.

Die Rotweinjunkies, zu denen ich bis vor fünf Jahren selber gehörte, die wollten, dass ich sie zeichne. In den Stehweinhallen. Ich hab die entwurzelten Hunde tatsächlich zeichnen müssen und in der Not hab ich sie auch gut getroffen. Dann habn sie sich bedankt in diesem Gruftton ohne Zischlaute, weil die Zähne fehlten. „Wahnsinn!" haben sie gesagt. „Oida! Wos trinkst?"

In der „Eden"-Bar im 1. Bezirk sitzt man bequemer. Die hat Helmut Qualtinger besungen.

Qualtinger ist doch nie raus aus seinem Milieu. Die sind doch alle nur beieinander gesessen.

Sie sind inzwischen auch raus aus Wien, wohnen in Klosterneuburg, wo der Wiener Wald beginnt.

Um meinen Katzen eine Lebensqualität zu bieten. Nur deshalb. Ich liebe Wien nach wie vor.

Wir sitzen noch immer in dem Kremser Beisl, und Deix schreibt mir in sein letztes Buch. „Schreib was Hübsches, wenn nicht, zeichne ich dich." Dann will er noch zwischen mir und meiner Begleiterin eine Ehe stiften: „Ihr zwei müsst heiraten."

Dieser Mann ist sein eigener Planet. Er fliegt irgendwo durch die Rotweinstraße des Universums. Dort oben ist die Donau rot wie ein Achtel und Wien die Bronx von Florenz. Wer in Manfred Deix' Wien reist, sollte die Raumanzüge nicht vergessen und sich zuvor in Krems informieren, damit er nicht erschrickt, wenn er Hilde Scheydenfeind begegnet, der es über einem zugigen Bodengitter den Rock hochweht und die den sechsten Platz bei der Marilyn-Monroe-Wahl erreicht hat – trotz Hasenzähnen, Hausfrauenlocken und Elefantenschenkeln. Sie ist eine Deix-Österreicherin, wie sie dem Touristen an jeder zweiten Ecke in Wien begegnen kann. (2002)

Do you speak Greek?
Frau Eleni,
die Herrscherin vom „Dogenhof"

Auf Fiffy ist Verlass. Rein zoologisch handelt es sich um einen Hund, ein weißes Wollknäuel auf vier Beinen, das oft mehrmals täglich wie vom Blitz getroffen kläffend die Wiener Praterstraße hinunterläuft. Ihm hinterher, um ihn wieder einzufangen, oft auf dem Fahrrad, Frau Eleni, seine Halterin.

Frau Eleni, eine beleibte, in Wien seit Jahrzehnten assimilierte Griechin, betreibt in dieser Straße das Café „Dogenhof", zusammen mit Fiffy.

Die Szene „Fliehender Hund im 2. Wiener Gemeindebezirk" wiederholt sich täglich, und zwar seit nicht weniger als elf Jahren. Der Mensch braucht eben feste Strukturen, um dem Leben Stand zu halten, und für Eleni Brey und ihren Hund sind Flucht und Heimkehr rettende Maßnahmen, die eine eigentliche Flucht verhindern oder aufschieben.

Frau Eleni scheint von ihren Radtouren auch deshalb erleichtert, weil sie sich da für kurze Zeit nicht ihren Gästen widmen muss, beziehungsweise ihrer Kundschaft. Denn wer ihr wirklich als Gast durchgeht, bestimmt sie mit einer oft geschäftsschädigenden Kühnheit selbst. Der „Dogenhof" ist ein Ort autonomen Herrschens. Die Wirtin bricht keine Regeln, aber definiert sie.

Was auch heißt, dass es ungeahnte Freiheiten gibt, weil sie das Auf und Ab des Lebens kennt und ein Herz für vieles hat, nur nicht für Spießer. Heute hochrangige Politiker, die ihr Lokal besuchten, hat sie bei Liebes- und anderen Krisen aus den Latschen kippen und unter ihren noblen Kaffeehaustischen krabbeln sehen. Auch mit den zahlreichen Freudenmädchen des Bezirks geht sie phantasievoll um. Neulich hat sich vor dem Lokal eine junge Frau einem Mann angeboten, der sich als Kriminalpolizist entpuppte. Frau Eleni hat es bemerkt und ging dazwischen: „SchauenS auf die andere Seitn, Herr Kriminalrat, wo ka Kläger, da ka Richter." Als sie dann aber beim Müllausleeren im Keller des Hauses ein Mädchen mit zwei Männern vorfand, wurde es ihr doch zuviel. Sie hat die beiden kurzerhand eingesperrt. „Auch Strafe muss sein", sagte damals Frau Eleni.

Ich flüchte oft aus meiner Wohnung gleich um die Ecke vor dem täglichen Krimskrams zu ihr. Genauso wie der Herr Franzi, ein Stammgast, der seit Jahren vor der Langeweile seiner 40-jährigen Beziehung flüchtet und nach ein paar Stunden seligen Trinkens, so gegen 22 Uhr, Frau Elenis malträtierte Füße massiert, bevor sie ihre hochgesteckte Frisur öffnet und sich vor einem beinahe venezianischen Spiegel die Haare kämmt wie eine Wiener Rapunzel aus der Gegend von Thessaloniki und Herrn Franzi noch einmal darauf hinweist, dass die heilenden Finger dieses gelernten Fleischhauers oberhalb der Knöchel nichts zu suchen hätten.

Orte wie der „Dogenhof" retten den Gast aus der üblichen Klassengastronomie mit dem Tagesangebot auf handgeschriebenen Speisekarten, gegen die man künstlich die Erlebnisgastronomie erfinden musste. Der „Dogenhof“ ist bereits Überlebensgastronomie in grauen Zeiten. Hart, aber herzlich. Wo kein absaufender Aktienkurs jemanden zu Fall bringen kann, weil die Gäste eher bescheiden leben. Der „Dogenhof“ ist ein Ort der Eigenwilligkeit und eine unangepasste Zone. In dieser Gegend, direkt vor dem berühmten Riesenrad, hinter dem der Prater beginnt, macht die Operettenstadt Pause. Diese Gegend am Praterstern lügt nicht und sehnt sich auch nicht, wie man Wien gerne unterstellt, nach dem Tod. Das ist vollkommen überflüssig, weil man morgens auf dem Weg zum Semmelbäcker das neueste Einschussloch in der Fensterscheibe eines Rotlichtsalons begutachten kann und zwangsläufig an den Zentralfriedhof denken muss. Hier trifft man noch die Strizzis, die man aus den Dramen Ödön von Horváths kennt, und die kettenrauchende Hausmeisterin, die mich mit herrlichen Marillenknödeln versorgt und die jeder als „die Horacek“ kennt. In dieser Gegend, in der viele Kleinkriminelle umgehen, fährt auch so mancher Boss mit seinem schwarzem Porsche Cayenne vor.

Kläffend und zähnefletschend verteidigt Fiffy seinen „Dogenhof“. Verschreckten Kunden sagt die Wirtin: „Verstehen Sie nichts von Hunden? Fiffy lächelt sie an.“ Und wenn ein Tourist freundlich fragt „Do you speak English?“, kontert sie, des Englischen nicht mächtig, „Do you speak Greek?“ Mit Griechenland telefoniert sie jeden Abend zum Billigtarif von ihrem Münztelefon auf der Theke aus. Außerdem singt sie gern griechische Lieder. Sie ist dazu ausgebildet, Schallplatten von Ariola bezeugen es. Dann ist Alexis Sorbas im Kaffeehaus zu

Gast, und dieses ganze schmierige Wien verschwindet, *lost in Greece.* An einem fast schon legendären Abend soll sie eine griechische Party bis in den Morgen hinein gefeiert haben. Sogar die Streifenpolizisten vom Revier am Praterstern hätten mitgetanzt.

Eleni Brey legt Wert darauf, aus einer Gegend zu stammen, in der Sokrates zu Hause war. Sie begann in Wien an einem Würstelstand am Stephansplatz und hat seit 1972 das Café, in dem auch viele Künstler vorbeikamen, die später berühmt wurden. Sie kennt ihre Pappenheimer und hat sich deshalb entschlossen, selber die Präsidentin zu sein.

Ihr Reich unterm Luster mit venezianischen Impressionen an der Wand ist auch ein Ort der Streitkultur, wie sie Frau Eleni definiert. Selten, dass sie ihre Mitarbeiterin, Frau Vera aus Rumänien, nicht niederbügelte. „Wo sann die Mannerschnitten, Vera, hast sie wieder aufgfressen?" Dann beschließt das Personal, nicht wiederzukommen, und ist am nächsten Tag trotzdem da.

Manchmal wimmelt sie auch unerwünschte Gäste durch Großzügigkeiten ab: „Da hast drei Kipferl, kost nix, Breakfast!" Hier gibt es nicht dieses *money counts.* Frau Eleni hat zwar durch die miesen Empfehlungen einer Bank viel Geld verloren, aber das konnte sie letztlich nicht verwundern. Jedenfalls konnte das an ihrer Großzügigkeit nichts ändern. Sie beschenkt ihre Stammgäste gern und reichlich mit selbstgemachter Moussaka und Mehlspeisen. „Is a Gschenk, kost nix."

Nach sechs Wochen kam ich jetzt aus Deutschland nach Wien zurück und fand Frau Eleni in Aufregung. „Ich hab schon nach Ihnen suchen lassen, ob was passiert ist. Sonst wär ich nämlich auch am Zentralfriedhof vorbeikommen mit am Bier und einer Zotter-Schokolade.“ Auch mit dem Bestattungswesen hat sie keine Berührungsprobleme. Ihre Hunde beerdigt sie unter einem Zitronenbaum neben ihrem Badehaus an der Alten Donau. Auch für Fiffy sei schon ein Platzerl reserviert. Aber Fiffy gibt nicht auf. Wenn er mal freiwillig von seinen Ausflügen zurückkommt und die Kaffeehaustür verschlossen findet, bellt er eine Zeitlang, dann nimmt er einen Anlauf und kracht dagegen, eigenwillig wie das Frauchen. (2009)

Der Herr Boris
Aufstieg und Fall eines Juwelenbetrügers

Herr Boris hatte in Campione gelebt, einer Steueroase, bevor er mit Frau und vier Kindern ins Schwäbische zog. Sein Leben hatte er dem Juwelenhandel verschrieben, ein Kenner der Steine, mit besten Kontakten nach Antwerpen, wo er einen der Branchenbosse kannte. Seine Familie versorgte er reichlich und führte ein gehobenes Bürgerleben, unauffällig und ziemlich langweilig, der Preis geordneter Verhältnisse, in denen den Menschen bisweilen die Decke auf den Kopf fällt, in diesem Fall die Decke eines Eigenheims.

Ich wusste davon nichts, als mich Herr Boris am Düsseldorfer Flughafen mit einer schwarzen BMW-Limousine abholte, die mir ein Freund geschickt hatte, um mir die Taxikosten in die Stadt zu ersparen. Herr Boris riss den Schlag auf, ließ mich Platz nehmen, und ich versuchte ihm hilflos zu erklären, dass er einen Feuilletonisten in bescheidenen Verhältnissen in einem viel zu großen Auto in ein Vier-Sterne-Hotel transportiere, das er sich nur als Spesenritter seiner Zeitung leisten könne. Aber Herr Boris ließ sich von Bescheidenheiten nicht beeindrucken. Er hatte diesen Charme der Bourgeoisie, die sich gern spendabel gibt, ohne allerdings über die wirklichen Bedürfnisse anderer Schichten nachzudenken. Es war klar, dass mich dieser schmale Mann um die 50, graumeliert und, wie es schien, ein Ausbund an Seriosität, mit denselben Butlermanieren auch unter einer Rheinbrücke abgesetzt und persönlich dort meinen Koffer abgestellt hätte, um am Abend auch noch sechs Austern vorbeizubringen, nur keine warme Decke. So sind sie.

Ich hatte Herrn Boris allerdings vollkommen unterschätzt, wie sich bald herausstellte. Ein paar Monate waren vergangen, da traf ich ihn im Haus des Filmemachers Peter Kern wieder, der damals vor den Toren Wiens wohnte, zwischen Klosterneuburg und Gugging, wo sich eine berühmte Nervenheilanstalt befindet.

Herr Boris schlief in einem kleinen Zimmer im Kellergeschoss gleich neben der Garage, aber wenn er heraufstieg und sich am Abend im hübschen Garten des verwunschenen Bürgerhauses stilvoll eine Flasche Rotwein entkorkte und den steilen Wiesenhang zu dem kleinen Pavillon hinaufschaute, als hätte er dort als einziger Sohn nicht unvermögender Honoratioren sonntags im Ovid gelesen und seiner Jugendliebe aus den *Amores* rezitiert, schienen sich Rosamunde Pilchers Romane zu bewahrheiten. Obwohl sich in seinen eleganten Konversationen, wenn man genau hinhörte, Spuren von Kreuzworträtsel-Bildung fanden. Trotzdem war er ein Untermieter mit Stil, ein kreativer Mensch, der offenbar mit wenigen Mitteln viel herstellen konnte, und die Nähe seines damaligen Aufenthalts zu Gugging, wie zufällig auch immer, bekam seinen Sinn. Dort entdeckte man in Patienten Künstler, die später berühmte Maler wurden, und Peter Kern hatte wohl mit seiner Spürnase in Herrn Boris einen spannenden Größenwahn entdeckt, kurz vor dem Fall, und wollte ihn retten. Kern erzählte mir später, dass er Herrn Boris in Düsseldorf kennengelernt hatte, als der dort seinen Freitod vorbereitete. Er hatte Eigenheim und Familie verlassen, war nahezu mittellos und irrte durch die schwule Subkultur der Stadt. Er hatte alle, aber auch wirklich alle Fassaden niedergerissen, hinter denen er sich verschanzt hatte. Aber selbst im Niedergang gab er noch den Sir. Nur ist es mit dem *brand new life* oftmals schwierig, und so war er, ganz Herr, zum Abschied entschlossen. Kern holte ihn in sein Haus bei Wien, Herr Boris rappelte sich auf und blieb ein äußerst angenehmer Umgang.

Was niemand wusste: Nach Herrn Boris wurde gefahndet. Er hatte wohl irgendwann die Nase voll von seinen reichen Kunden, entschloss sich, sie zu linken und brachte perfekt geschliffene Glassteine unters vermögende Volk, mit Expertisen, die er sich aus dem Internet kopierte. Dass man einem wie ihm vertraut, darauf konnte er setzen. Außerdem hatte er die Telefonnummer dieses Juwelenmagnaten in Antwerpen, von dem er wusste, dass er zwischen 12 und 15 Uhr pausiert. Er stellte sich also als dieser große Juwelenhändler vor und erbat sich Rückrufe im Büro gegen 13 Uhr. Die Sekretärin verwies dann auf die Mittagspause, und Herr Boris rief seine Kunden eine halbe Stunde später von seinem Handy zurück und machte den Deal fix.

Dabei hatte er Helfer, die er über die Welt der Steine und in angemessenem bürgerlichen Auftreten unterrichtete, sodass sie, ohne zu stottern und mit Haltung, die Waren abliefern konnten. Die Kunden waren oft sowieso nervös, weil es sich nicht selten um haufenweise

Schwarzgeld handelte, das in den Tresoren zum Glitzern gebracht werden sollte. Die Mitarbeiter bezahlte Herr Boris auf den Cent genau und pünktlich. Hatten sie nach dem Deal die Kurve gekratzt und waren auf der Autobahn, deutete er gern auf große Wagen und sagte: „Schau, die haben alle weniger Geld als wir!"

Dann kam es, wie es kommen musste: Drei Jahre Knast für fünfzehn Fälle gewerblichen Betrugs, vorzeitig entlassen, selbstverständlich wegen guter Führung. Bei einer seiner letzten Freigänge rief er Peter Kern an, war gut drauf, wollte nach Wien zurückkehren, sich mit seiner Familie aussöhnen und sprach von großen Plänen. Kern befürchtete wohl nicht zu Unrecht, dass sie sich auf seinen Glashandel bezogen. Denn ein wegen Betrugs vorbestrafter Juwelenhändler hat im seriösen Geschäft auch nicht mehr die Spur einer Chance.

Am Abend nach dem Telefonat muss er noch ein paar Flaschen Rotwein geleert haben, und am nächsten Morgen brach er im Badezimmer zusammen, eine Gehirnblutung. Sechs Stunden später war Herr Boris tot.

Als die Todesnachricht kam, war ich über das normale Maß hinaus traurig und wusste nicht so recht, warum. Ich stand Herrn Boris nicht nahe und hatte mich, als ich erfuhr, dass er im großen Stil betrügt und heftige kriminelle Energien entwickelt, distanziert. Aber von allem blieb dann doch diese angenehme bürgerliche Erscheinung übrig. Wohl wahr, dass er nie einer Oma faule Aktien angedreht, in Zinshäusern nie überflüssige Versicherungen verscherbelt hätte, er hat sich ganz oben bedient, wo 50.000 Miese nicht wehtun. Aber es gibt nun mal keine guten Betrüger. Betrug ist Betrug.

Herr Boris aber schien trotzdem aus den Kinos, von der Leinwand herunter ins Leben gekommen, eine Genrefigur, die Inkarnation der Ganovenmoral, des Gentlemanbetrügers. Er war tatsächlich ein grandioser Schauspieler wie Thomas Manns Hochstapler Felix Krull, der sich seine Selbstinszenierungen vom Theater abgeschaut hat.

Unsere Menschenkenntnis ging in die Binsen, als wir das Interesse am Menschen nebenan und gegenüber und sonstwo auf dem Planeten verloren hatten. Kleider machten wieder Leute, es ging nur noch um Positionen, Einfluss, Image, und die Impertinenz hatte freie Bahn. Wir hatten die Frechheiten unhaltbarer Behauptungen herausgefordert, dankbar für jeden Rest noch so bezweifelbarer Vertrauenswürdigkeit inmitten einer sich demaskierenden Gesellschaft. Ich glaube, unsere Seele war mittlerweile auf Schwindler angewiesen.

Wie sonst, auch wenn zusätzlich Erotik im Spiel war, hätte eine Frau wie Frau Klatten in diesem Maß auf einen angeblich melancholischen Gigolo von über vierzig Jahren hereinfallen können, einen Menschen vom Fleischmarkt der Begierden. Sie konnte, sie musste vielleicht. Sie brauchte womöglich die Illusion.

Ich wüsste schon, wie ich mir, mittellos, eine Kreditkarte besorgen könnte, die mir nicht zusteht, und 5.000 Euro Überziehung über 20 Kilo abnehmen, schlank zu sein bedeutet Disziplin und Vertrauenswürdigkeit. Dazu einen Nadelstreifenanzug, wie ihn der Kreditgeber trägt, wenn er sich zu Fortbildungsseminaren in Vier-Sterne-Hotels aufhält, die er sich selber nicht leisten könnte. Natürlich müsste der Bart ab und eine Joop-Sonnenbrille her. Und dann mit größtmöglicher Unverschämtheit die

Lage definieren und sich gleich darauf milde zurückziehen auf diesen Herrn-Boris-Charme.

Ich denke oft an Herrn Boris. Und dann an Bernard Madoff, ein Quantensprung natürlich: vom Glashändler aus Schwaben zu mehr als 50 Milliarden Schwund an der Wall Street. Madoff, die Legende, galt als gutmütiger Finanzverwalter bei Bankprofis, Privatinvestoren und Prominenten. Vor lauter Gier hatte man vergessen, dass der Weihnachtsmann im Kaufhof nicht draußen vom Walde kommt, sondern eine Maskerade ist. Aber die Naivität war nur die Kehrseite der Verkommenheit.

Ich muss also oft an Herrn Boris denken. Ein kleiner Fisch unter so vielen Haien, von denen noch viele Freischwimmer sind. Armer Boris, der du hangest! Verdammte neue Welt. (2009)

Das Leopoldstädter Gefühl
Im Café Heine

Rund 300 Meter entfernt fahren die Autos pausenlos mehrspurig um den Praterstern und den Nordbahnhof herum, direkt neben dem Eingang zum Wurstelprater, den man zu einer armseligen, disneyhaften Amüsiermeile entstellt hat, und kaum einer bemerkt auf seiner Säule noch Admiral Tegethoff, der in die Leopoldstadt, den 2. Wiener Gemeindebezirk, schaut, vielleicht, um ein paar Freudenmädchen auszumachen.

Am Praterstern endet neben einem großen Parkplatz die Heinestraße, deren Nebengassen zuvor einen kleinen, mit im Boden befestigten Bänken und wucherndem Grünzeug hübsch hässlich aussehenden Platz bilden, in dessen Zentrum ein auf einer Art Stahlfeder befestigtes Schaukelpferd wie das *Post mortem* eines Kinderspielplatzes aussieht.

An dieser Stelle Wiens, gegenüber dem viel kleineren Café Else, einst ein viel besuchter Ort der Rotlichtwelt, steht das Café Heine, ein lang gezogenes Kaffeehaus mit zwei Räumen, einem Separee und im Sommer einem angenehmen Schanigarten davor, an dem vorbei am Abend die Hundebesitzer ihre Lieblinge zum letzten Trümmerlablegen vor der Nachtruhe führen. Der Fernseher im Schankraum ist Gott sei Dank reine Staffage, und die kleinen Hartlaubgewächse auf den Fensterbrettern des wahrscheinlich in den achtziger oder neunziger Jahren renovierten Gasthauses zeigen, dass auch das Leben der Topfpflanzen nicht immer glücklich verläuft.

Hier, am Anfang der Vorstadt, treiben sich inzwischen ausreichend Kleinkriminelle herum und Streuner aus den Ghettos, die dank der hervorragenden Infrastruktur der Wiener Verkehrslinien, auch als Schwarzfahrer, schnell vor Ort sind. Aber im Café Heine spürt man davon wenig, es ist ein relativ geschützter Ort, den tagsüber Frau Elke regiert, eine außergewöhnliche Kellnerinnenpersönlichkeit, die das Kaffeehaus als Teil ihres Lebens betrachtet und es als Frau Eberhart nach Schichtwechsel wieder verlässt, den langen schwarzen Rock und die weiße Bluse der Serviererin ablegt und in ihren Vierzigern weiterhin eine attraktive Frau ist, immer in Schale, Mutter einer längst verheirateten Tochter und begeisterte Oma eines sieben Jahre jungen Wieners namens Deniz.

Frau Elkes Kurzhaarfrisur, die zur Stirn spitz zuläuft, changiert im dunklen Rotbereich auf schwarzem Grund, und wenn man den scharfen Strich ihrer Augenbrauen und die dunkle Farbe des Lippenstifts dazunimmt, denkt man von ferne an Liza Minelli und außerdem an Einsteins Relativitätstheorie. Denn Frau Elkes Einsatz für ihre Stammgäste ist unendlich wie das Universum, aber auch begrenzt. Denn sie lässt sich, wenn sie herumsaust wie auf unsichtbaren Rollerskates, nicht auch noch sekkieren. Bestelle ich mir beim Mittagsmenü zwei Beilagenänderungen, fragt sie: „Is Ihna fad im Schädel, Herr Professor?“ Was aber im Grunde nur so viel bedeutet wie: „Kommt gleich.“ Unter ihrer Obhut schreibe ich seit zwei Jahren im „Heine“ meine Texte, an einem eigenen Stammtisch, mit Hundedecke für Tommy und Leckerlis. Was man in solchen Restaurationen bekommt, kann man sich nicht runterladen.

Mittags kommt manchmal Frau Elkes Mutter vorbei, eine Rentnerin mit einem leuchtenden Pumucklkopf, die ihr nicht leichtes Leben auch in der Gastronomie verbracht hat, bei den echten Wienern, nicht im 1. Bezirk. Sie musste die Kinder allein erziehend durchbringen, als alleinerziehende Mütter noch in einem anderen Ruf standen. „Sie kennen das Leben nicht, Herr Professor", warnt sie mich bisweilen und hat sich trotz Enttäuschungen eine Mitmenschlichkeit und Hilfsbereitschaft bewahrt, wie sie nur noch in Wiens Außenbezirken vorkommt.

Wenn sie vermutet, dass ich alleine in meiner Wohnung bin und mich langweile, ruft sie auch noch abends an. Ich bereite mich dann vielleicht gerade widerwillig auf eine Burgtheaterpremiere vor, und das Telefon klingelt. „Herr Professor, heut spielt's im Fernsehen *Die purpurnen Flüsse.*" Sie ist Krimifanatikerin und an Zeitgeschichte interessiert. Oder sie steht mit einem selbst gemachten Gulasch vor der Tür: „Herr Professor, Sie müssen was Anständiges essen!" Und wenn sie einmal Geld annimmt für ihre Mühen, kommt sie am nächsten Tag mit einer sündteuren Decke für Tommy, weil er ihrer Meinung nach keine anständige hat, oder mit einer Mikrowelle, die sie asthmatisch ächzend herbeischleppt, weil sie glaubt, ich sei der einzige Mann auf der Welt, der keine hat. Ich bin überhaupt nicht traurig darüber, dass ich nicht auf Facebook bin.

Herr Wagner, der das Café mit seiner Frau, einer wahren Modellschönheit, leitet, hat neben dem „Heine" noch das „Dreivierteltakt" und das bekannte „Zartl" im Dritten. Außerdem ein Wirtshaus in Favoriten und ein Café in Oberösterreich. Er selbst stammt aus Niederösterreich, aus Waidhofen an der Ybbs. Er wirkt so lässig wie ein Wiener Collegeboy, zehn Jahre nach dem versäumten Doktorat, voller Lebenserfahrung statt akademischen Wissens und von großer Durchsetzungskraft, die er wohl auch brauchte, die Eltern ohne Geld, der Vater Baggerfahrer, und die Mutter hat im Freibad den Müll aufgeräumt. Trotzdem absolvierte er die Hotelfachschule in Bad Hofgastein, schleppte dann, weil er ja in keinen elterlichen Betrieb einsteigen konnte, Erdäpfelsack'ln in der Wiener Straßenbahn zu einem Geflügelimbiss, in dem er jobbte. „Alles von Null selber aufgebaut", sagt Herr Wagner.

Er hat dann ein Gasthaus und ein Nachtlokal sehr erfolgreich geführt und sich von der Ablöse sein kleines Imperium geschaffen, obwohl die Gastronomie auch in Wien heute kein Honiglecken mehr ist. „Wenn dann die Stromrechnung daherkommt, bist du deppert, dann musst' wieder die Behörden anbetteln. Das ist so und ich mach da gar kein Geheimnis draus", sagt er. Aber er macht es gern, an seiner Seite diese immer adrette Frau, deren Lächeln nicht nur professionell, sondern auch herzlich ist, unimitierbar. Auch wenn ein Gast mit Bärenstimme, der zwei Männer hereinkommen sieht, in denen er Türken vermutet, ruft: „Da schau, da san's, die Integrierten!"

Die Stimmung im Lokal ist aber anders, und durch den Unternehmergeist der Wagners und Frau Elkes Einsatz wird artgerechter Lebensraum erhalten, der auch in Wien immer mehr verschwindet. Man bekomme kaum Köche, die noch Hausmannskost beherrschen und Kellnerinnen, speziell österreichische, schon gar nicht, auch weil das Nettoeinkommen nur 250 Euro über der Mindestsicherung liege. „Die Elke ist sicher eine Ausnahme", sagt Wagner.

Ihr erster Freund, sie war gerade 15, war 17 Jahre und Drogist. Der nächste war Anstreicher, 1,96 m groß und stahlblaue Augen. Der dritte war Kellner, und sie haben sich selbständig gemacht. „Ich hab an die perfekte Ehe geglaubt und dann im Duden nachschauen müssen, wie man Treue schreibt", sagt Frau Elke, und dass „Treue und Liebe im Gastgewerbe nicht funktionieren". Ihre Tochter war 13, als es zur Scheidung kam. Nach Jahren des Schuftens und Duldens habe sie mit ihrer Tochter die Freuden des Lebens entdeckt. „Urlaub, schwimmen gehen."

Für einen Nicht-Österreicher schwingt trotz der konkreten Krassheit mancher dieser Lebensgeschichten im Leid immer noch ein bisserl Horváth mit und in den Happy Endings ein bisserl Wien-Film. Frau Elke jedenfalls hat die Enttäuschungen der Idealistin hinter sich, ist keineswegs verstimmt und nicht unterzukriegen, auch nicht durch den Lärm, den die Mischmaschine der alten Kartenspielerinnen erzeugt, die meistens schon am Vormittag kommen.

Die Wiener Boulevardzeitungen genügen, im „Heine" die Lektürebedürfnisse der Gäste zu stillen. Nur die liebenswerte Witwe Mitte achtzig, die täglich das Mittagsmenü verzehrt und ein Sommerhäuschen an der Peripherie hat, geht in die Oper und in die Burg, wo sie neulich nach einer *Was ihr wollt*-Inszenierung des Burg-Chefs Matthias Hartmann auf den Foyertreppen stürzte. Regelmäßig kommt eine lebensfrohe Frau vorbei, die ihren Hund früh oft als erste ausführt, zusammen mit ihrem Lebensabschnittsgefährten, zum Flaschenbier-Trinken, „Hirter"-Pils. Ein Frühpensionist um die 50, der leidenschaftlich politisiert, würfelt mit einem ehemaligen Praterkellner, und wenn der Herr Helmut dazukommt, von dem Herr Wagner sagt, dass er ein „Strizzi" sei, spielen sie Karten. „Wieviel hast noch laufen", fragt Herr Wagner, und Herr Helmut, immer freundlich, auch zum Hund, den er gerne bisweilen als „mein kleiner Werwolf" anspricht, immer sehr gepflegt, antwortet seriös: „Nur mehr zwei." Am Abend bedient dann Frau Anna, eine Polin in ihren mittleren Jahren, deren Begabung zum Harmonischen alle Widersprüche des Kaffeehauses übertüncht.

So geht das Leben hin im „Heine". Neulich rief eine Frau, die sonst nicht auffiel, ständig: „Oh, meine heißen Tränen!" Sie galten ihrem Lebensgefährten, einem pensionierten Journalisten, der gerade ins Krankenhaus gekommen war, von ihrer Mutter hatte man ihr mitgeteilt, dass sie im Sterben liege, und außerdem hatte sie sich den Arm gebrochen. Frau Elke, die ihre Sensibilität ungern zeigt, hat sie dann heimbegleitet, in Richtung ihrer Wohnung. Das gehört zum Service einer Restauration, in der jeder weiß, dass es bisweilen hart ist im Leben.

Schon am Anfang seines Schaffens verkündete der bayerische Allroundkünstler Herbert Achternbusch am Beispiel des heiligen Berges zwischen Starnberger See und Ammersee, obendrauf das Kloster Andechs, das „Andechser Gefühl". Es sei ein Gefühl, dass man nicht alleine ist. Vielleicht war das auch das Geheimnis der Stammkneipen und Kaffeehäuser, wohin man sich zurückzog. Zum Schreiben, zum geselligen Trinken und Rauchen, zum Karten- oder Schachspielen. Oder als einzelner Schweiger zum Grübeln. Sie waren ein Stückchen Trost.

Im Grunde ist das alles schon Vergangenheit. Die Lebensweisen der fitten Opportunisten von heute sehen anders aus. Das muss ja *eo ipso* nicht schlecht sein. Nichts bleibt, wie es ist, und jedes Lokal macht einmal ein bisserl zu. Die Zeit rast weiter. Es war ja nicht falsch, als damals in irgendwelchen Kaschemmen Cliquen saßen und sich die Köpfe heiß redeten über Politik und man dann hinging. Als es noch öfter mal an der Tür klingelte, ohne Verabredung, man persönlich vorbeikam und nicht das Handy ein SMS ankündigte, mit „LG Eva". Als auch Texte wie diesen Redakteure noch persönlich mit dem Autor beredeten, statt sie irgendwie zu vernetzen. Wir sind doch Herdentiere!

Für die Megacities von morgen arbeitet man bereits an speziellen Psychotherapien. Wenn mir der Therapeut als einziger Gesprächspartner bleibt, ziehe ich mich allerdings mit meinem Hund nach Franken zurück. Und grüble ich im „Heine" in der Nacht, bin ich um den Schlaf gebracht.

Aber um Mitternacht kommt ja Frau Annas Gatte, ein freundlicher, bäriger Typ, um sie heil aus dem 2. Bezirk nach Hause zu bringen. In der Animierbar gegenüber meiner Wohnung rufen braune Schönheiten Männern hinterher. In der Studenten-WG nebenan herrscht ausnahmsweise Ruhe, und acht Stunden später sperrt Frau Elke das „Heine" wieder auf, um das erste Frühstück zu servieren. Ein großer Brauner, eine Buttersemmel und zwei Eier im Glas. Die Strukturen halten noch, und alles fängt wieder von vorne an, wie es scheint. Bis es aus ist.

(2011)

Die Reinheit der Tiere
Der Tierarzt Dr. Dr. Antolini

Wie er so herunterkam von der Salesianergasse im 3. Wiener Gemeindebezirk, wo er seine Praxis hat, zum alten Café am Heumarkt, konnte man ihn schon von Weitem an seiner unvergleichlichen Figur erkennen, wie sie nur ein genussfreudiger Mensch über Jahre hin erwerben kann. Der Bierbauch, obwohl er gar keinen Alkohol trinkt, scheint nach hinten verrutscht, sein Gesicht strahlt eine einzigartige Gutmütigkeit aus und zeigt einen offenbar mit einer tiefen Einfühlsamkeit für andere begabten Mann, der zugleich eine Koryphäe ist: der prominenteste Tierarzt Wiens, den selbst Siegfried und Roy nach Las Vegas einfliegen ließen, als es um Katzenschnupfen-Probleme bei ihren weißen Tigern ging.

Seiner Kleidung, kein teures Tuch, keine Maßschuhe, sieht man nicht an, dass er höchst elegant im 1. Bezirk lebt, schräg gegenüber dem Stephansdom, wo seine Gattin, die bis vor ein paar Jahren in Vöcklabruck im „Eternit"-Vorstand saß, ein Mietshaus besitzt, mit einem „Palmers"-Geschäft unten drin, und die er, für einen Tierarzt irgendwie naheliegend, liebevoll „Katzili" nennt. Dr. Dr. Michael Antolini bewohnt mit seiner Gattin und einem braunen Zwergpudel eine ganze Etage, darunter lebt der Schwiegerpapa mit der Schwiegermama. Und in der Steiermark hat man im tiefen Wald ein Landgut.

In der Stadt kursieren Anekdoten über den beliebten Tierarzt. „So viele Hektar Wald haben wir bekommen. Das sind in Festmetern 1000 ... naa, stimmt net.“ Und dann lächelnd: „Der Papa hat's uns g'schenkt.“ Das ist altes Wiener Bürgertum, wie es leibt und lebt, das kein Interesse hat, sich auf Partys zu zeigen und für Klatschkolumnisten zur Verfügung zu stehen. Man kennt es eigentlich gar nicht.

Beim Gespräch im Café hatte man später sowieso den Eindruck, dass ihm zwei Leberkässemmeln, vom guten „Neuburger“, von dem die Werbung sagt: „Sagen Sie niemals Leberkäse zu ihm“, wichtiger sind als ein Mietshaus, von dem man nichts abbeißen kann, ein Affront gegen einen so leidenschaftlichen Esser. Für die Tierarztpraxis habe sich Antolini, der auch Humanmedizin studiert hat, deshalb entschieden, „weil Tiere kein soziales Netz haben und soviel hilfloser sind“. Außerdem seien sie „rein“. Sie verfügten über etwas wie „Reinheit“. Antolini sagt: „Es fehlt ihnen der böse Gedanke.“

Tierärzte hatten früher kein besonders hohes Sozialprestige. Was waren der „Hundsdoktor“ und der „Viehdoktor“ gegen den Internisten im städtischen Klinikum, als man Tiere noch als Sachen betrachtete und ihnen Gefühle und Seele absprach. Das warf einen dunklen Schatten auf die Veterinärmedizin, die man zwar brauchte, mit der man sich aber nicht schmücken konnte.

Das hat sich radikal verändert. Mittlerweile gelten Haustiere als Familienmitglieder und Partner. Über acht Millionen Katzen und 5,4 Millionen Hunde leben in deutschen Haushalten. Sie werden inzwischen mit der Möglichkeit der Humanmedizin therapiert, mit modernsten Geräten operiert, man zieht ihnen kranke Zähne und behandelt ihren Zahnstein. Mit Chemotherapien versucht man im schlimmsten Fall, ihr Leben zu verlängern, und hat sie bereits auch in die Wellnessangebote einbezogen, ganz abgesehen vom Schnickschnack der Accessoire-Läden. Die Haustiere sind ein Wirtschaftsfaktor geworden, nicht nur durch Steuern und Tiermedizin – der größte Profiteur ist die Futtermittelindustrie.

Haustiere bringen, kosten aber vor allem Geld. Gesundheitsreformen in Rücksprache mit der Pharmaindustrie wie in der Humanmedizin müssen nicht befürchtet werden. Tiere sind in der Regel Selbstzahler, weil sich Krankenversicherungen bei der oft recht geringen Lebensdauer nicht lohnen, da wären die Prämien zu hoch. Die Tierärzte spüren also die Krisenzeiten besonders. Nicht umsonst steht an vielen Praxistüren: „Behandlung gegen Barzahlung." Die Halter könnten das Schild mittlerweile lesen wie eine düstere Prognose für ihre eigene Patientenzukunft.

Bei Antolini aber bleibt kein Tier unbehandelt, und er erwartet in seiner Praxis nicht nur Prominente und Reiche. Eine Zeitlang seien auffallend viele Freudenmädchen mit ihren Hunden und Katzen bei ihm erschienen, bis er dann fragte, wie sie denn auf ihn gekommen seien, und ein Mädchen sagte: „Ihre Adresse hängt beim Arzt, wo ich mich untersuchen lass."

Er ist rund um die Uhr zu erreichen, kommt notfalls auch ins Haus und darf an seinem Wagen ein Blaulicht befestigen. Seine Praxis, die er zusammen mit Frau

Dr. Schneider führt, betreten Hunde, die ihn schon kennen, nicht mit eingezogenem Schwanz, weil sie Angst haben, im Gegenteil, sie begrüßen ihn, was er als seinen eigentlichen Lohn bezeichnet. Er kommuniziert mit den Tieren, schaut ihnen mit seiner absoluten Seelenruhe in die Augen und weiß dann, ob sein Patient begriffen hat, dass er es gut mit ihm meint. Das sei meistens der Fall, ansonsten wird ganz sanft sediert. Fesseln und jede Art von Handgreiflichkeit ist bei Antolini ausgeschlossen: „Das zerstört Vertrauen. Die Ruhe macht es." Und wenn er dann wieder einmal erfolgreich war, geht eine seiner absolut tierlieben Mitarbeiterinnen hinunter zum „Spar-Gourmet" und holt den Leberkäse, der nicht so genannt sein will.

„Wenn Sie ein Tier, das Sie schon länger kennen, einschläfern müssen, wenn nichts mehr hilft", sei das schlimm. „Abschiede sind immer schwer." Er dürfe dann nicht an sich denken, weil er nicht nur seinen Patienten angst- und schmerzfrei erlösen, sondern auch die Menschen, die ihren vierbeinigen Partner verlieren, betreuen muss. Er sei schon mit Herr und Hund auf einem Bett gelegen, davor auf einem Stuhl die weinende Gattin. Und er hat es hinbekommen. „Was machen Sie eigentlich danach?" Traurig lächelt Antolini, wenn er sagt: „Was soll ich schon machen? Ich weiß dann auch nicht weiter. Ich geh' dann halt was essen."

Einmal hat ihn ein Pferd schwer verletzt. Es war ein Polizeipferd aus Tschechien, und man hatte ihn nicht informiert, dass es darauf dressiert war, zur Seite hin auszuschlagen, um Demonstranten zu treffen. Aber Angst vor Pferden hat er deshalb nicht. Es sei ja keine Bösartigkeit gewesen. Auch keine plötzliche „Charakterwendung“. Bei Tieren gebe es das nicht. „Tiere mobben nicht, spinnen keine Intrigen wie Menschen, bei denen dann die anderen mithalten müssen, um zu überleben, und dann doch daran zugrunde gehen“, sagt Antolini.

Er ist der Sohn eines italienischen Humanmediziners und einer Opernsängerin, die in einem Bürgerhaus ausgerechnet in der Münchner Veterinärstraße aufwuchs. Man lebte in Linz, der Vater ging irgendwann wieder nach Rom zurück, aber das war auch keine Katastrophe, man befindet sich in gutem Kontakt. Wohlbehütet wuchs er auf, Großmama Klavierpädagogin, die auch ihn unterrichtete, zusätzlich bekam er einen Geigenlehrer und folgte der Mutter in die Theater. „Ich lebte immer auf der Sonnenseite“, sagt er. Sein Vater sei Mediziner bereits in der 13. Generation, heute 79, ein pumperlg'sunder Kettenraucher, 140 Stück am Tag, „wir sind halt auch genetisch gut ausgestattet“.

Auch seine Frau erlebte die Schattenseiten nicht, die Mutter ebenfalls Opernsängerin, der Vater Industrieller. Sie sei eine strenge Katholikin, er aber sei gar nicht streng. „Katzili“ habe es inzwischen auch aufgegeben, ihn in den Dom zu schleppen, weil die schmalen Sitzflächen der Kirchenbänke den genussfreudigen Menschen zu sehr quälen. Die Bedeutung des Leids im Christentum könne er sowieso nicht teilen. Leid sei absolut sinnlos. Er sei angetreten, es zu verhindern. Einschläfern könne er allerdings nur, weil er über den Tod hinausschaue. Außerdem entschuldige er sich bei jedem Tier, dass es keinen anderen Weg mehr gibt, bevor er es töten muss, wie er sagt. Zur Befürwortung der Sterbehilfe beim

Menschen könne er sich nicht durchringen, aber schmerzfrei müsse der Mensch sein, leiden dürfe er auf gar keinen Fall.

Einer seiner Lieblingsorte ist Michael Aufhausers Tierrettungsgut „Aiderbichl“, das Stammhaus oberhalb von Henndorf bei Salzburg, wo Tiere leben, denen unsägliches Leid geschah und die trotzdem wieder Freundschaft mit den Menschen geschlossen haben, auch kranke Kinder therapieren und selbst Hospizbewohnern Mut machen. „Auf Aiderbichl haben die Tiere verziehen“, sagt Antolini, „sie sind sozialisiert und treten sogar als Mittler zwischen Mensch und Tier auf. Das habe ich so noch nie gesehen. Denen wir Leid antaten, lernen verzeihen und werden zu Mentoren der Menschen. Das ist außerordentlich.“

Er kommt dann noch einmal auf die Reinheit zu sprechen: „Tiere geben uns Menschen die Liebe zurück und den Respekt, den wir verloren haben.“ Und weiter: „Denken Sie nur an missbrauchte Kinder, die in ihrer Integrität verletzt sind und kein Vertrauen mehr zum Menschen haben. Sie können sich nur über den Mittler Tier wiederfinden, weil sie Tieren vorbehaltlos gegenübertreten können. Der Grund ist die Reinheit der Tiere.“ Die habe mit unserem Sauberkeitswahn nichts zu tun, von dem ganze Industriezweige leben. Sauberkeit sei die Reinheit nach der Verschmutzung. Die könnten wir erreichen. Aber die Reinheit sei weit weg. Wann, wenn nicht heute, muss man ihm vorbehaltlos zustimmen.

Eine Katze, die eine Maus frisst, folge ausschließlich ihrer Bestimmung, die denke sich nicht: „Jetzt bring ich halt mal eine Maus um.“ Sie rottet sich auch nicht mit anderen Katzen zusammen, um alle Mäuse von Wien zu vernichten. Da wären wir schon wieder bei uns. Trotzdem ist aus Antolini kein Misanthrop geworden.

Es gab dann noch einen Nachmittagskaffee im Haus beim Dom, mit Mehlspeisen auf feinem Porzellan. Antolinis Augen glänzten, wegen der Petits Fours und weil der Dompfarrer, mit dem man in gutem Einvernehmen steht, jetzt auch Tiere segnet, direkt vor dem Stephansdom. Frau Antolini, die inzwischen in der Praxis mithilft, versuchte auch den Wiener Kardinal Schönborn als besonders tierlieb herauszuheben, aber da musste Antolini, wenn auch widerstrebend, liebevoll berichtigen. „Katzili, der Schönborn nicht." (2011)

Ich will doch nur, dass ihr mich liebt!

Peter Kern, Schauspieler und Filmemacher

Mehr als zwei Jahrzehnte habe ich einen Bogen um ihn gemacht, wie um viele Schauspieler, deren Egos sich vor mir auftürmten wie heute der Burj-Khalifa-Tower in Dubai, flankiert vom narzisstischen Expressionismus ihrer Selbstdarstellungen, und dann noch er, mit seinen zwei Zentnern und dieser voluminösen Bassstimme, die etwas Donnerndes hat und jederzeit aus ihm herausbrechen kann, wie sich später herausstellte – das alles bewog mich, sofort an einen geordneten Rückzug zu denken.

Einmal kam er bei den Hofer Filmtagen, die ich als Berichterstatter besuchte, mit schon geröteten Froschaugen nach vier Filmen pro Tag – damals durfte im Kino noch geraucht werden – auf mich zu und lud zu einer Mitternachtsvorstellung seines Films ein, mit einem Blick, der mir bedeutete: „Kummst eh ned, du Oarsch!" Schon war ich verschwunden. Wenn man sich weigert, die anderen kennenzulernen, bleiben sie eben einfach Monster, ein Grundprinzip der Xenophobie.

Als ich vor fünf Jahren wieder nach Wien zog und er von Deutschland, wo er sich aufgehalten hatte, dekoriert mit Bundesfilmpreisen, in seine Geburtsstadt zurückkehrte, traf ich Peter Kern immer wieder in den

Kaffeehäusern, weil es in Wien im 1. Bezirk und in der Josefstadt sowieso unmöglich ist, Schauspieler nicht zu treffen. Wiens gesellschaftliches Leben ist schrecklich überschaubar. Wie sich herausstellte, war das Monster ein offenbar freundlicher Mann, aus dem immer wieder ein Hass auf Wien herausbrach, das ihn keineswegs als erfolgreichen Sohn umarmte, ganz im Gegenteil, obwohl man ihm jetzt, auch ganz klassisch, das goldene Ehrenzeichen der Stadt anstecken wird, wie früher wahrscheinlich schon Hans Moser.

Aber der Weg zur Finanzierung neuer Filme war mehr als mühsam, einen Raum für seine Theaterprojekte bekam er nicht. Er hatte zwar für Rainer Werner Fassbinder, Werner Schroeter, Hans Werner Geißendörfer, Helmut Dietl oder Peter Zadek gespielt, zusammen mit Ingrid Caven, Andrea Ferreol, Jean Seberg, Hanna Schygulla, Geraldine Chaplin. Aber Wien ist ein Klüngel, eine nach außen abgeschirmte große Parteibuch-Provinz, und Kern galt ihnen eher als berüchtigt denn berühmt, einfach auch durch seine der alten Protestkultur entlehnte Aufmüpfigkeit und sein militantes Auftreten für die Homosexuellen, was in Österreich immer noch schwieriger ist als in Deutschland.

Wien ist als Hauptstadt der Spione nicht auf offene Konflikte eingestellt, sondern auf Tücke und List, aber Kern plärrte los, bisweilen offensiv ordinär und ganz ohne Taktik, und schoss sich ein Eigentor. Man muss ein Schauspieler bleiben in dieser Stadt, nicht nur auf ihren Bühnen.

Man saß also in den Kaffeehäusern, diesen herrlichen Kaschemmen der Melancholie. Kern träumte, Kern klagte. Zwischendurch der Schmäh des Oberkellners. Kern wirkte wie ein Mensch, der einen Filmtitel von Fassbinder zitierte: „Ich will doch nur, dass ihr mich liebt." Es schien, als wolle er sein Begehren durch die Bestrafung der Lieblosen verwirklichen, aber Wien ist selber ein Narziss, liebt nur sich und hat wenig zu geben an andere. Verliebt sich gern in Künstler, die anderswo keiner will, weil es sie dann ganz für sich hat, zum Beispiel den Josefstadt-Intendanten Föttinger oder den Volkstheater-Direktor Schottenberg, als wolle man die Warnung meiner Mutter beherzigen: „Die Schönen und Guten hast du nie für dich alleine."

Peter Kern, Jahrgang 1949, ist im 2. Wiener Gemeindebezirk mit Blick auf den Donaukanal in proletarischem Milieu aufgewachsen, der Vater kommunistisch, die Mutter Hausfrau und liebevoll zu ihrem „Schurli", der sich einer kaufmännischen Ausbildung unterzog, nebenbei Laientheater spielte und dem ihr Kartoffelgulasch auch später noch besser schmeckte als die Austern bei den glamourösen Filmpartys. Gleich ums Eck war das „Nestroy"-Kino, wo Kern seinen ersten Film sah, *Die Nacht vor der Premiere* mit Marika Rökk, was ihn wohl bewahrte, sich restlos dem Höhenschwindel der Hochkultur zu überlassen und den Kitsch zu vergessen, ohne den das Leben noch trauriger wäre. Auch wollte er nie zum „Klassenverräter" werden, wie er sagt, seine proletarische Herkunft nicht vertuschen, was ihm in der Opernballstadt, zumal er zu Übertreibungen neigt, das Leben nicht erleichtert.

In der Vorwendezeit genoss Kern seine künstlerische Arbeit in Gruppensituationen, familiär einerseits und zum anderen voller Streit und Irrsinn, aber weit entfernt von den Rendezvous mit der Einsamkeit von heute, schwebte durch die somnambulen Filme des genialen Daniel Schmid, immer in weitestgehender Quotenferne, und spielte auch bei Christoph Schlingensief. Er drehte selber Filme über die schwule Subkultur von Düsseldorf, wo er eine Zeitlang lebte, oder später Low-Budget-Filme wie *Donauleichen*.

Im tiefsten Ottakring, dem 16. Wiener Gemeindebezirk, dort, wo er sich noch nicht zum Heurigen-Vorort verzaubert, drehte er in einer aufgelassenen Schlosserei. Es war nicht unwichtig, dass sich in unmittelbarer Nähe ein himmlisches Wiener Beisl befand, mit hervorragenden Schinkenfleckerl, denn das Essen nimmt viel Raum in Kerns Leben ein, große Teller mit viel drauf, obwohl ihn das Wenigste zufriedenstellt, und wenn bei den Dreharbeiten einmal die belegten Semmeln aus waren, ihn aber die Lust überkam, in eine hineinzubeißen, dröhnte sein Fluchen wie Donnerhall durch den Raum. Vielleicht ist es auch kein Zufall, dass die junge Hauptfigur von *Donauleichen* der Sohn eines Metzgers ist, der allerdings seine miesen Eltern schlachtet und dann triumphierend singt: „I did it!" Peter Kerns Autobiografie heißt eben nicht umsonst: *Jeder bekommt sein Fett weg.*

Manchmal lud er mich ein, ihn zu offiziellen Terminen zu begleiten, kleine Events längst vergessenen antiautoritären Verhaltens. Es begann mit dem, was Harry Rowohlt bei seinen Auftritten die Einschleimphase nennt, und endete in Blitz und Donner. Auch beharrt er kraftvoll darauf, jedweden über sein Missvergnügen oder sein Befinden überhaupt Auge in Auge zu informieren und sein Defizit an Liebe darzustellen. Denn er ist nicht nur „fresssüchtig“, wie er sagt, sondern auch liebessüchtig, und dabei sind offensichtlich Defizite zu beklagen.

Neulich habe er in einem Wellness-Hotel in der Steiermark einen Kurzurlaub verbracht und entdeckt, dass alle Gäste den Hund des Hotelchefs an einem der ersten Tische streicheln, und dann gefragt, ob er sich dort hinsetzen könne. Vielleicht würde man ja auch ihn streicheln. Man darf ihm das glauben.

Der Höhepunkt meiner Kern-Recherche war dann, als ich selber bei ihm „spielte“, in einer für den ORF geplanten Comedy-Serie, *Die Kulturpolizei greift ein*, gedacht als kritischer Beitrag zum restaurativen Klima in Wien. Wir rückten aus, um jedes Wiener Kulturereignis, sobald es sich auch nur ankündigte, im Keim zu ersticken. Auf Kerns BMW hatten wir ein Blaulicht montiert und wurden dann in der Stadt von der Polizei gestoppt. Das österreichische Fernsehen ließ es aus notorischer Mutlosigkeit bei einer einzigen, zudem zensierten Sendung bewenden, obwohl auch der berühmte Karikaturist Deix mit von der Partie war. Aber wir hatten einen hohen Kulturfunktionär der Stadt als Maus über seinen Schreibtisch laufen lassen, und das war dann wohl zuviel.

Peter Kern hatte sich inzwischen entschlossen, sich durch Reduzierung seiner Ausgaben unabhängig zu machen und bezog die 40 Quadratmeter kleine Gemeindebauwohnung seiner verstorbenen Eltern in der Wiener Großfeldsiedlung, sozusagen Plattenbau mit hohem Ausländeranteil, schaute vom letzten Stock über die sozial schwierige Schlafstadt und drehte seinen Film *Blutsfreundschaft*.

Die Hauptrolle spielt Helmut Berger, der sich gern als Viscontis Witwe bezeichnet, und ich bin froh, bei den Dreharbeiten nicht dabei gewesen zu sein. Da stießen sich vermutlich die Egos hart im Raum. Aber schon Bergers erster Auftritt, wenn er die Straße vom Bäcker herunterkommt und um die Ecke biegt in sein Reinigungsgeschäft, das eigentlich schon ein Reinigungsmuseum ist, bleibt einem als ziemlich wundersam im Gedächtnis. Berger kommt einem vor wie ein somnambuler Außerirdischer, der früher einmal gelebt haben muss und jetzt dafür Buße tut. So ungefähr ist es dann auch.

Der Mann hat als Jugendlicher bei einem Gestapo-Verhör seinen schwulen Freund verraten, dessen Hinrichtung er beiwohnen musste, wird jetzt wieder als Homosexueller von Neonazis bedroht und versucht einen jungen Mann vor dem braunen Klüngel zu retten.

Blutsfreundschaft setzt auf den Triumph der Gefühle über die Kälte der Wiederholungstäter und ist ein sehr persönlicher Autorenfilm, wie man ihn uns heute kaum noch gönnt.

Peter Kern ist sich über die Jahrzehnte treu geblieben, hat das durchschnittliche Bürgerleben und erst recht seine Spießer als bedenkliche Abweichung von den eigenen Mustern empfunden, wohl nicht zu unrecht, und entsprechend reagiert. Das ist angesichts der Verhältnisse über alle Maßen ungewöhnlich. Man kann es getrost bewundern. (2010)

Wer traurig ist, darf nicht zimperlich sein

Fritz Ostermayer, Musiker und Moderator

Sein Leben begann in Schattendorf im österreichischen Burgenland nahe der ungarischen Grenze. Schon der Name seines Geburtsortes spricht etwas Dunkles in uns an, und vielen Österreichern fällt gleich 1927 ein, die Juli-Revolte. Damals haben Schattendorfer den Wiener Justizpalast angezündet als Reaktion auf das sogenannte Schattendorfer Urteil, das den Mord eines Rechtsradikalen an einem Sozialdemokraten ungestraft ließ. Der folgende Aufstand kostete viele Tote und Verwundete.

A wie Abseits, A wie Aufstand und dann A wie Aufstieg in die A-Class der eigentlichen Wiener Hochkultur, abseits von Burgtheater, Oper und dem repräsentativen Höhenschwindel – das sind die Eckdaten von Fritz Ostermayers Leben. Geprägt von dem untrüglichen Gespür für die Wahrheit hinter den offiziösen Verhältnissen: dass die Ersten nicht selten die Letzten sind und vorne ganz hinten ist. Er hat sich ein eigenes Navigationssystem entwickelt, das ihn in Schlangenlinien geraden Weges an allen Verführungen vorbeiführte, ein Glücksfall wienerischen Temperaments, das seine abgrundtiefe Lethargie in Fieberschüben aufmöbelt.

In Wien traf seine Musik ins Schwarze. Jetzt ist er bereit für die Welt, und schon wird Ostermayers Musik von dem Münchner Starklabel „Trikont“ erfolgreich vertrieben: Dokumente eines fast symphonischen Verhältnisses zum deutschen Schlager, seiner Trauermarschobsession und der Tristesse des Wienerlieds. Unter den Wiener Stadtbahnbögen, wo sich die Musikszene trifft, provoziert er die Erwartungsgemütlichkeit seiner Zuhörer und tourt herum. Außerdem bringt er als Moderator des Wiener Senders FM4 die Generation Doof auf Gedanken.

Seine Eltern waren „Proletarier bis zum Gehtnichtmehr“. Sie ließen sich scheiden, als er auf die Welt kam, weshalb er seiner Oma übergeben wurde, die bald darauf erkrankte. So kam er in ein Heim, das zu einem Priesterseminar gehörte, und lernte seine ersten Lektionen. Zum Beispiel, dass unser wahres Leben nicht selten aus Klischees besteht, die sich gemeinerweise auf voller Strecke bewahrheiten. Zwischen „unterdrückter Geilheit“ und vorpädagogischen Erziehungsmodellen explodierte seine Liebe zur Musik. Er hörte Miles Davis und Jazz, als seine Altersgenossen noch zu den Songs der Beatles jaulten.

Mit 14 flog er raus, und seine Mutter musste ihn in ihre Wohnung in einer Arbeitersiedlung in Wien-Favoriten aufnehmen. Er besuchte immer wieder den Zentralfriedhof, marschierte bei Begräbnissen mit und nahm Trauermärsche auf. Er liebt die Dorfkapellen, die Wackelkombos, die froh waren, für den ernsten Anlass einen Ton zu treffen, diese Moll-Lastigkeit, die nicht nur klagte, sondern auch etwas anrührend Klägliches hatte.

Sein Vater führte ein Leben als Hochstapler, gab sich als Architekt aus und landete dann in der Wiener Meldemannstraße, dem Männerheim, das seinerzeit der gescheiterte Maler Schicklgruber bewohnte. Ostermayer senior war der bestgekleidete Sandler, den die Trauergäste dem Sohn bei der Beerdigung als sozialen Säufer darstellten, als einen, der geteilt hat.

Sein morbides Lebensgefühl bezog er aus einer Familie, „in der sich die Selbstmörder die Klinke in die Hand drückten". Er sei ein „suizidgeiler Teenager" gewesen, der die dunklen Gedichte Trakls las oder Thomas Bernhards Roman *Frost*, der im Abseits des Ortes Weng spielt, „wo die Menschen nur 1,50 Meter groß werden und in die Züge laufen". Umbringen wollte er sich selber nicht: „Man muss sich gegen die Familie stellen", sagt Ostermayer.

Er erzählt davon in seiner Wohnung im 9. Wiener Gemeindebezirk, 112 Quadratmeter für 420 Euro. Wien bietet unter der Hand noch Nischen für Postbohemiens, die uns aus einer leerlaufenden Betriebsamkeit zurück in die Zukunft führen. Ostermayer beschwört inmitten sozialer Kälte die guten alten Gefühle und ist davon überzeugt, dass man sich mehr als über Wissen über die Affekte verständigen kann. Allerdings nicht mehr nur naiv und in aller Unschuld. Es ist die These eines Diskursbesessenen, Belesenen, der sich in seinen Radioauftritten weigert, Formate oder die Gesetze aktuellen Talkens zu bedienen. Er gibt die Rolle des Oppositionellen an ihre Tradition zurück: den Narren und seine freie Rede.

Wenn Ostermayer auf seiner CD *Der Scheitel* Schlager wie „Vaya con dios" singt – „the lonely mission bells are softly ringing" – oder „Geh nicht vorbei, als wär nichts geschehn, es ist zu spät, um zu lügen", werden die Greatest Hits der Musikindustrie entrissen. Jeder Schlager eine Drei-Minuten-Oper, dahinter das Melodram unseres Lebens, aufgeklärte Weinerlichkeit, Weltschmerz, der den Zuhörer vor der Depression rettet. Was zum Ausheulen, das sich der Zeitgenosse sonst nicht mehr gönnt.

Ostermayer scheint die Schlager zu verlangsamen und führt auf diese Weise ihre Methode vor. Aber kaum beginnen wir zu begreifen, schlägt er zu. Es schluchzt, als begänne ein Hawaii-Toast zu singen. Deutlich hört man die Arbeit des Schlagzeugers, der die Bandatmosphäre liefert. Plötzlich gibt es ein Cellosolo. Er schultert die Schnulzen nicht ironisch, wir werden vielmehr Zeugen einer zutieft melancholischen Musikaktion.

Natürlich singt er auch ein Special aus der Welt des Wienerlieds: „Mei potschertes Leben" (potschert: tölpelhaft, ungeschickt). Da heißt es: „I hob verlorn, wia nur ana verliern kann, dem a Herz schlogt und Hirn hat, aber i genier mi net, i hob eich alles gebn." Das treibt er fast in eine Endlosschleife, als wollte er sagen: Verlierer sehen anders aus. Wie die Sieger von heute nämlich. Er betreibt eine Musik des Persönlichen, wohl wissend, dass es inzwischen bereits als oppositionell gilt, über etwas wie Persönlichkeit überhaupt noch zu verfügen und unterscheidbar zu bleiben.

Als Punk aufkam oder New Wave, begann Ostermayer und fuhrwerkte herum. Zu seinem Konzept gehört der Dilettant. Es war die Musik der Unbefugten, die ihn interessierte. So nach dem Motto: „Man muss auch ein Instrument spielen können, das man nicht beherrscht."

Vielleicht war ja schon immer der Misston die Musik zur Situation. Aber wo Musik ist, öffnet sich die Welt. Böse Menschen kennen keine Lieder.

Was man ihm glauben darf: Alles ist in relativer Absichtslosigkeit entstanden. Auf typisch wienerische Weise, in dieser freundschaftlichen Erzählkunst-Atmosphäre, jenseits der Mainstream-Intrigen. Einer hat ein Ideechen und sagt es dem anderen weiter. Und plötzlich gibt es ein Projekt, ziemlich ehrgeizlos, das aber alle aus ihrer Lethargie reißt. Gamblers in Wien. Musik als Übermut.

„Man darf nicht an die eigene Zukunft denken", sagt Ostermayer. Nicht an Rentenbudgets und Lebensversicherungen. Er hat zwei Kinder, 18 und 14 Jahre alt, und seine Ehe ging unlängst zu Bruch, auch deshalb, weil Frau Ostermayer die Nase voll hatte von Trauermärschen, wie er sagt. Da traf es sich gut, dass er auch ein Faible für Junggesellenmaschinen hat, die unter anderem durch Duchamps berühmt wurden: diese fast surrealen Konstruktionen zur Befriedigung des *Lonesome Rider* im frauenleeren Raum, zu Privatmythologien in obsessivem Rahmen.

So wie er dasitzt, in seiner Wohnküche vor einem Glas Sekt, geballte Energie auf dem Absprung zum nächsten Treff, schon grau, aber voller kunterbunter Ideen, beginnt man zu begreifen, dass seine Aufschreie der Traurigkeit einer starken, fast schon gesettelten Persönlichkeit bedürfen. Wer traurig ist, darf nicht zimperlich sein.

Am Abend gibt er unter den Stadtbahnbögen im „Rhiz" den Freestyler. Er tritt auch als DJ bei schrägen Partys auf, hat in Rotterdam für eine Pornoausstellung die Vernissage gestaltet und unlängst im Wiener Tanzquartier eine mit theoretischen Schriften unterfütterte Tanzperformance gestaltet: „Rettet die Mäuse oder Conducting Kafka while Whistling against Interpretation." Es war unübersehbar ein Tanz der Unbefugten. „Apropos Porno und Junggesellenmaschinen, alles steht doch unter dem Druck gesellschaftlicher Fetischisierung von Potenz", sagt er. „Aber ich bin natürlich auch ein Voyeur."

Seine Wien-CD *Goodnight Vienna* ist tatsächlich nicht nur ein Ereignis, sondern auch ein Wagnis. Sie ist von abgrundtiefer Melancholie und spektakulär höhepunktlos. Eines der Hauptlieder heißt: „Gfickt für immer", also auf alle Zeit gedemütigt, ausgeschlossen, niedergemacht. Mit diesem Lebensgefühl operiert Ostermayer schnörkellos über eine ganze CD-Länge hin. Keine Schrammeln, keine Wienerlied-Romantik. Alles resultiert aus dem Gutenmorgengruß des Wien-Bewohners „Heit is wieder arg". Er sagt uns in herzlichstem Wiener Vorstadt-Argot: „Leckts mi am Oarsch."

Mit dieser Botschaft in ein Studio zu gehen, um eine CD aufzunehmen – das ist der Mut des Schattendorfers. Nach dieser Einspielung kommen d'Engerln nimmer auf Urlaub nach Wien. Mit erstickender Stimme singt Ostermayer: „I wollt mir scho die Kugel gebn, leider häng i doch noch zvü am Leben." Er lässt die ganze „gschissene Welt" links liegen und beschreibt den „Hass in mir". Er vertont einen Text des Grazer Dramatikers Werner Schwab und zitiert Helmut Qualtinger: „Ka Mensch, ka Katz, ka Maus im Haus." Er lotet die Tiefe des Abgrunds aus und behauptet in einem Gstanzl-Gesang von höchster Transzendenz: „I möcht so gern wach sein und bin schon so müd, von mir wird nix bleibn, vielleicht grad des Lied." Nach dieser CD braucht man viele Wien-Gesänge nicht mehr.

In der Beilage zu seiner CD *Mariachi – The sound of hysteria und heartache* schreibt Ostermayer über den Sound, den jeder Mexiko-Tourist bestens zu kennen glaubt: „Mariachi-VokalistInnen scheinen zum Jauchzen, Gackern, Krähen, Jaulen, Heulen und Schluchzen besser geschaffen als für herkömmliche Gesangsmodulation. Muss aber so sein, denn in den Liedern wird gegockelt, was das Zeug hält, oder gelitten, dass sich die Balken biegen. Ein manisch-depressives Purgatorium tut sich auf, in dem Zwischentöne keinen Platz haben und auch verpuffen müssten angesichts der aufgestauten Emotionen, die da aus den Kehlen hervorbrechen."

Das ist so recht nach Ostermayers Geschmack. Er sucht nach Spuren vom wirklichen Leben statt nach Parallelwelten. Und er ist ein aufregendes Beispiel dafür, dass der Zombie noch lange nicht gewonnen hat. Ostermayer ist einer der großen Monomanen, der jungen Leuten nicht hinterherläuft, sie ihm aber schon. Da zeigt sich ein Stück vom Prinzip Hoffnung, woran auch sein Trauermarsch-Faible, dem „Trikont" zwei CDs gewidmet hat, nichts ändert.

Wie heißt es bei dem Österreicher Werner Schwab? Das Lebendige ist das Leblose und die Musik.

(2008)

Das Frauchen, das nicht Sitz macht

Die Hundetherapeutin Gabriela Bone-Geyer

Mein Leben verlief bis heute von Psychotherapeuten und -analytikern unbetreut. Vielleicht auch deshalb, weil es in der fränkischen Gegend, in der ich aufwuchs, trotz der Weite der Mittelgebirgslandschaft nur eine einzige Nervenklinik gibt, geleitet von Dr. Franz, den alle liebevoll den „Nerven-Franz" nennen, obwohl sie ihn bis heute ungern grüßen, weil sonst jemand denken könnte, man sei in Behandlung.

In München sah ich die Leute schon in den siebziger und achtziger Jahren ganz anders unterwegs. Die Mühen der Selbstfindung, der Partnerwechsel, der devianten Begierden, der depressiven Verstimmungen und was halt so anfällt im ansonsten entlasteten Leben – dafür hielt man sich einen Therapeuten, was zum guten Ton gehörte, wie man auch ein Pferd stehen hatte oder im Segelboot im Abendrot auf dem Wasser vor der Republik Starnberg herumwackelte.

Als ich neulich in einer Wiener Tageszeitung eine Anzeige fand, die eine Therapie für Hunde anbot, ein „Hundecoaching", kam mir das Angebot längst überfällig vor. Es war doch nur eine Frage der Zeit, bis man endgültig auf den Hund kam. Erst Herrchen in Therapie, dann Frauchen und jetzt der vierbeinige Liebling. Um

Zeitgenosse zu bleiben, muss man Opfer bringen, und so bestellte ich für meinen Hund Tommy einen Therapeuten. Der Preis von 40 Euro pro Stunde ließ nicht auf Abzocke schließen.

Es kam dann eine hübsche Frau Mitte 30, schlank und flott, mit schwarzer Hornbrille und Geschenken für Tommy, alles included. Wenn Tommy wirklich bei jeder Fehlzündung eines Autos so verschreckt reagiere, als wäre Silvester – nicht streicheln, nicht trösten, einfach so tun, als wäre nichts gewesen, und schon sei dann alles in Butter. Ihn mit seinen zehn Jahren auch nicht mehr überall mit hinschleppen. Er brauche jetzt Ruhe. Die hübsche Frau hatte gute Tipps. Und so gar nichts von der Verbissenheit mancher Tierschützer, die Jahre nach dem Untergang der Protestkultur noch immer glauben, ein Transparent an der Autobahn könne Tiertransporte verhindern. Aber trotzdem stand eine Überzeugungstäterin vor mir, denn um die 40 Euro ging es ihr nicht. Sie war ganz anders als erwartet.

Wir besuchten bald zusammen eine Christoph-Schlingensief-Inszenierung im Wiener Burgtheater, der sie begeistert folgte. Allerdings erklärte sie schon im vorhinein, falls die Aufführung länger als drei Stunden dauere, könne sie nur noch einen kurzen Kaffee im Aprèslokal nehmen, weil Fini auf sie warte, eine Hovawart-Hündin. „Die Gesundheit von Finis Blase ist mir mehr wert als die ganze Kunst“, sagte sie.

Eine gewagte Äußerung für die Ehefrau des Intendanten eines der großen Opernhäuser der Stadt, des Theaters an der Wien, wie sich herausstellte, die in der verschmockten Wiener Gesellschaft eigentlich die Frau des

Intendanten spielen müsste, den Schatten des Gatten, bereit zu jedem Kulturgewäsch, sobald sie in die Stadt hinausgeht. Außerdem war sie Sängerin am Gärtnerplatztheater in München und an der Volksoper in Wien, zum Beispiel, erfuhr ich.

Wir trafen uns ein paar Wochen später in der ehelichen 200-Quadratmeter-Wohnung im Wiener Zentrum auf ein Gespräch wieder. Ihr Ehemann schaute kurz vorbei, um sich für eine Begegnung mit Gästen des Theaters umzukleiden, ein freundlicher, souveräner Mann um die 50, in der Stadt sehr beliebt. Zum Abschied küsste er dann nicht seine Frau, sondern Fini. „Haben Sie das gesehen?" fragte Frau Bone. Seit ihrer Heirat vor sechs Jahren heißt sie Bone-Geyer, kümmert sich spektakulär wenig um die Berühmten von Wien und tritt ihnen, wie sie erklärte, nicht nur als Hundecoach, sondern auch als bekennendes Mitglied der Kommunistischen Partei Österreichs gegenüber. Das kam überraschend.

Wien habe ihr anfangs als geborener Rumänin ein Heimatgefühl vermittelt, es erinnere sie an den Balkan. Das habe sie dann aber schnell revidieren müssen. So sei sie in die KPÖ eingetreten, habe ohnehin den Wiener Radikalkünstler Alfred Hrdlicka gekannt, der allerdings im Streit aus der Partei ausgetreten war. Nicht mehr ganz gesund, habe er mit seinem Arzt einen Kompromiss geschlossen: Nur noch eine Flasche Wodka pro Tag. Er rede auch nicht viel über Kunst, meistens über Frauen.

Wie sie so dasaß in diesem aparten weißen Sommerkleid, das den dunklen Rand ihrer Hornbrille noch deutlicher hervortreten ließ, erschien mir diese KPÖ-Geschichte als eine Stimmungsreaktion, und ich bohrte nicht tiefer nach politischen Motiven, weil man ja auch keinen Teenager fragt, warum er mit zwölf auf der Schultoilette raucht. Aber alles nur für Kapriolen einer gutsituierten Bürgergattin zu halten, schien mir zu billig. Da war ja zugleich diese berückende und nicht ungefährliche Unschuld. Vielleicht war ja Parsifal in Wirklichkeit eine Frau.

Mit dem Beginn ihrer Ehe habe sie das Singen aufgegeben: „Ich werde jetzt von meinem Mann bezahlt." Was für ein Satz! „Ich coache ja auch ihn. Wenn er mit hysterischen Sängerinnen Probleme hat, kann ich ihm helfen, ich war ja selber eine. Aber in die Wohnung lasse ich sie nicht. Nikolaus Harnoncourt schon, aber sonst ist das meiste außen vor." Außerdem verfüge sie über einen guten Ehevertrag. Ihr Mann sei zwar ein harter Verhandler und notfalls ein kalter Manager, aber wenn Fini ihn ansehe, werde er weich. „Ich glaube, wenn Fini stirbt, geht mir dieser Mann ein", sagte sie. „Der Hund ist mittlerweile die Brücke zwischen uns."

Als der perfekt gekleidete Intendant die Wohnung verlassen hatte, packte sie ihre Zigaretten aus: „So, jetzt können wir rauchen. Wenn er da ist, nur in der Küche." Unlängst habe sich eine Frau aus der Wiener Aristo-Gesellschaft an ihren Mann herangemacht. Sie habe ihr schlussendlich mit ihrer rumänischen Verwandtschaft gedroht. Es war ein Rätsel, warum mir diese Frau das alles so selbstverständlich erzählte. Obendrein in Wien, wo das offene Wort ohne Chance ist und der Ehemann ein führender Kulturfunktionär, der sich Sitten und Unsitten beugen muss, ob er will oder nicht.

Gabriela Bone-Geyer verbrachte die ersten Jahre ihrer Kindheit in Rumänien und musste mitwinken bei Ceausescus Aufmärschen. Die Eltern flüchteten 1972, ließen ihre beiden Töchter bei der Großmutter zurück und holten sie drei Jahre später nach München. „Ich fühlte mich in Rumänien verlassen“, sagte sie. „Das wurde ein psychisches Problem, diese ständige Angst, verlassen zu werden. Die Großmutter stand auch für Grundnahrungsmittel Schlange, bei Hitze und bei Kälte, aber die Eltern waren fort. Zu meiner Schwester hatte die Mutter gesagt, sie gehe weg, um ein Fahrrad zu kaufen, und kam nicht wieder. In München hieß es dann: ‚Das haben wir alles nur für euch gemacht, bemüht euch!‘“ Erst verlassen, dann unter Druck gesetzt. Sie bestand das Abitur, studierte und sang sich über Passau und Oldenburg an größere Häuser hinauf, und ihre Schwester wurde Ärztin. Bei einer Open-Air-*Fledermaus* vor dem Wiener Schloss Schönbrunn lernte sie Herrn Geyer kennen.

Da kam offenbar die große Liebe ins Leben. Sie hängt den Befund gleich ein bisschen niedriger: „Sagen wir lieber eine tiefe Verbundenheit, wie es sie auch zwischen Menschen und Hunden gibt, weil ja auch Tiere Gefühle haben.“ Eine Freundin sei an Krebs erkrankt, und so habe sie vor drei Jahren Fini übernommen. „Eine Fügung, ein großer Gewinn für das Zusammenleben.“ Kinder habe sie ja keine. „Dazu braucht man den richtigen Mann, und das ist mein Mann nicht. Er lebt für die Arbeit und tut und plant. Als Flüchtlingskind verstehe ich diese Existenzangst nicht.“

Jedenfalls nutzte sie die Begegnung mit Herrn Geyer nicht billig als Karrieresprung, ganz im Gegenteil. „Ich habe doch sowieso vor allem für den Applaus gesungen, das musste nicht so weitergehen.“ Jetzt berät sie in der

Vorstadt Kellnerinnen, deren Hunde, wenn sie allein zu Hause sind, die Vorhänge zerreißen, und hilft, wenn Hundehalter den Tierarzt nicht mehr bezahlen können. In der Wiener Society sei der Umgang mit Hunden allerdings eher problematisch. Da nennt Herrchen seinen Liebling „Herr Brodmann“: „Das sagt doch schon alles.“ Ein Rechtsanwalt trage seine Mopshündin Beauty immer auf dem Arm herum. Neulich habe sie Beauty ein Leckerli auf den Boden geworfen. „Oh Gott, Sie werfen es ihr auf den Boden“, habe der Anwalt entsetzt gerufen. Auch ihr Mann rüge sie manchmal zu Hause: „Sprich nicht zu laut, Fini schläft!“

In Rumänien habe man Hunde an der Kette gehalten und bei Verhaltensstörungen erschossen. Das sei die schreckliche Kehrseite. In Wien tröste sie Hundebesitzer auch über den Tod ihres Lieblings hinweg: „Alle Hunde gehen zum Fluss und warten, bis wir kommen. Dann setzen wir über.“ Sollte Fini dereinst auch zum Fluss gehen, wolle sie ihre Urne in der Wohnung platzieren und verfügen, dass sie ihrer eigenen ins Grab beigegeben wird. Wenn das mal nicht Ärger mit ihrem Gatten gibt, falls es sich nicht um ein Gemeinschaftsgrab handelt.

Es kam also in Gabriela Bone-Geyers Leben der Tag, als Fini erschien und alles anders war. Dass der Hund wusste, was er zu tun hatte, und nichts in Frage stellte, nicht Sitz, nicht Platz, nicht Gassi, beruhigte das Leben des Ehepaars. Denn das Problem war offensichtlich, wie so oft, nicht der Hund, sondern dass eine Frau des gehobenen Bürgertums an ihrer Leine riss, sagte, was sie denkt, und aus der Rolle fiel. Auch der Hund arbeitete als Therapeut, als Menschencoach. Denn Frauchen machte nicht Sitz und kümmerte sich erfreulich wenig um Regeln. Auf den ersten Blick aus einer zurückgewonnenen Unschuld. Aber sie sieht ihre Lust an der Subversion, ihre Wohlstandsdissidenz als eigenen Kosmos, fernab aller Umstände.

Deshalb war die Frage unvermeidbar: „Haben Sie sich, vielleicht um die Verletzungen ihres Lebens zu ordnen, einer Therapie unterzogen, Frau Bone-Geyer?“ Sie barst schier vor Begeisterung über ihre Therapeutin, die ihren Auftrag offenbar nicht in sozialer Anpassung sah. Offenbar therapiert inzwischen jeder jeden. Die Therapeutin die Therapeutin, der Hund die Ehepaare. An jeder Ecke steht ein Coach oder ein Mediator. Das ist wohl in den leerlaufenden Ritualen einer krisenhaften bürgerlichen Welt ein letzter Ausweg für ihre zukunftsbewussten Teilnehmer. Wer hätte das in den siebziger Jahren geahnt? Dass aus dem Spiel Ernst wird. So viele so seltsam befreit zu Marionetten ihrer Selbstbestimmung.

Unterschätzen wir also bloß die Rolle der Hunde für unser Gemeinwesen nicht. Denken wir an die glückvollen Waldspaziergänge des Ehepaars Bone-Geyer in der Steiermark, wo man sich als Fluchtburg ein Försterhaus gemietet hat. Für Bone, für Geyer und nicht zuletzt für Fini. Und an diese entwaffnende Frau und ihren Ehemann, der im positivsten Sinne auf den Hund gekommen ist, zum Vorteil der Oper, der Ehe und seines eigenen Wohlbefindens. Reste von Netz und doppeltem Boden.

Ich denke daran, mich schon bald in den Weiten der fränkischen Mittelgebirgslandschaft mit unserem „Nerven-Franz“ zu treffen. Er habe sich sowieso schon nach mir erkundigt, erzählen mir Freunde. (2009)

Der Wind ist ein Wiener
Ernst Molden, Sänger und Dichter

Ernst Molden begann sein Leben als höherer Sohn, hineingeboren in eine Verlegerfamilie. Seinem Vater gehörte der damals größte Verlag Österreichs, der Fritz-Molden-Verlag, seine Großmutter hatte die österreichische Bundeshymne gedichtet, und man lebte standesgemäß komfortabel in Wiens Nobelbezirk Grinzing. Seine ersten 14 Jahre habe er in einem goldenen Käfig verbracht, sagt er, mit allem, was dazugehöre, inklusive Defloration des Kindermädchens.

Aber wie es so ist im Leben, auf nichts ist Verlass, und so änderte sich auch bei den Moldens schlagartig alles. Beim Vater hatten sich Schulden angehäuft, und gerade weil der damalige Kanzler Bruno Kreisky den einzigen Großverlag des Landes nicht sterben lassen wollte, sperrte Hannes Androsch, von Kreisky als Finanzminister geschasst und inzwischen Chef der „Creditanstalt“, der größten heimischen Bank, zum Fleiß alle Konten. Gespenstisch sei es gewesen, tsunamihaft, als nach dem Konkurs sofort geschätzte 90 Prozent der Freunde die Straßenseite wechselten, wenn die Moldens kamen, und weil auch alle Immobilien verloren waren, musste man sich nach Tirol zurückziehen, wo die Mutter noch ein Haus besaß.

Für ihn selber sei das ein Glücksfall gewesen, sagt Molden. Dass der Wohlstand weg war, störte ihn nicht, dafür hatte er endlich Eltern, die Zeit hatten, und er selbst konnte sich schon in jungen Jahren ein gesundes Misstrauen gegen alle Verführungen von Macht und Gesellschaft erwerben, gegen die Freunde, die speziell in Wien nur Freunderln sind, Strippenzieher ihrer Freunderlwirtschaften. Außerdem – was wäre aus ihm geworden? Molden junior. Er hätte den Verlag übernehmen müssen, jetzt aber konnte er sich ins Leben stürzen.

Mit 19 ging Molden als Gerichtsreporter zur Wiener Tageszeitung „Die Presse“, kaufte beim Tandler ein selbstgebasteltes Abhörgerät für den Polizeifunk und hatte das große Ziel, immer als erster, also noch vor den Profis der „Kronenzeitung“, dem führenden Revolverblatt, am Tatort zu sein, was nicht einfach gewesen sein dürfte, weil in der „Krone“ so Besessene arbeiteten wie Alexandra Wehner, genannt die „Bluat-Xandi“, die Verbrechen schon roch, noch bevor sie geschehen waren, stets unterwegs von einer Leiche zur anderen, Schülerin des legendären „Krone“-Reporters Konitschek, der Wiener Provinzversion von Hildy Johnson aus Billy Wilders *Extrablatt*. Er gehörte zu diesen „echten Reportern“, mit Hut und Zigarette, vom Jagdinstinkt getrieben, von der Leidenschaft für das Zeitungsmachen verzehrt und in seiner Professionalität fast skrupellos. Einmal gelang es Konitschek, sich im Wiener Sicherheitsbüro in einen Schrank einzusperren und ein Verhör mitzustenografieren.

Aber das war nicht Moldens Welt, dieses Jagen, Hetzen und Trophäen-Sammeln. Und so entschied er sich, ein sensibler, künstlerischer Mensch, für das Feuilletonistische, seine Texte, von Anfang an geprägt von der Leichtigkeit des geborenen Stilisten.

Damals begann seine Dandy-Phase. Jetzt lief ein großer, schlanker, gut aussehender Mann durch Wien, seine Samthosen in Reitstiefel gesteckt, in der Rechten einen Spazierstock. Zur Gestaltung seines Outfits fand er bei den österreichischen Schriftstellern wenig Hinweise, hielt es eher mit Ginsberg und war allzeit bereit zu einem Frühstück bei Tiffany's. Er entdeckte später, auch in seinen Büchern, die Melancholie als ironische Haltung, wurde aber als wesentlicher Schriftsteller nicht wirklich erkannt. Es fehlte das unglückliche Bewusstsein, und den Konjunktiv gebrauchte er nach Vorschrift der Grammatik, nicht als Markierung avantgardistischen Bestrebens. Er hatte auch immer etwas zu erzählen, weshalb er den Erzähler nie in Frage stellen musste.

Außerdem war er kein einsamer Wolf, sondern dabei, sich eine lebenswerte eigene Welt zu schaffen, nicht nur in der Fiktion. Die wesentlichen Bausteine dieses Planets Molden waren und sind einerseits die Frauen, andererseits die Region. Die Frauen nicht unter sexistischen Aspekten und die Region nicht als Provinz.

Damals arbeitete er auch als Dramaturg am Wiener Schauspielhaus. Aber die Theaterarbeit kam ihm reichlich soziopathisch vor, ständig diese beleidigten Schauspieler, Willkür und Eitelkeit. Man hat keine Distanz zu sich selber, die Molden aber immer hatte. Er nennt heute seine Dandyzeit seine „Balzphase". Damals führte er auch an Wochenenden im berühmten Seitensprunghotel „Orient", einer Jugendstil-Herberge mit 100 Jahren Tradition und illustren Gästen, die sich auf strenge Verschwiegenheit verlassen können, einen literarischen Salon. Bis eine Frau kam, die sagte, komm in mein Leben.

Und er vice versa. Es ging ein Lebensabschnitt zu Ende, nicht nur privat, sondern generell. Bis in die 1990er Jahre sei das Genialische noch eine Kleingeldwährung gewesen, von der man leben konnte. Dann begann die neue Zeit.

Mit der Frau seines Lebens bezog er eine große Wohnung im 3. Bezirk gegenüber der Veterinärmedizin. Schon früh um sieben hörte man die Schreie der kastrierten Stiere. 13 Jahre später, als sich das Ehepaar, inzwischen mit drei Kindern, entschied, wieder auszuziehen, war aus der Veterinärmedizin eine Musikhochschule geworden, und was jetzt herübertönte, war Brahms. Die Gegend war gentrifiziert, und die Nachmieter waren zwei Zahnarzttöchter, 16 und 17 Jahre alt, gleich um die Ecke: die elterliche 250-Quadratmeter-Wohnung.

Die Moldens zogen ins nahe gelegene Erdberg, nicht weit von den Praterauen, wo das Entertainment endet und es dschungelt, an der Grenze zum Schlachthofviertel, gleich beim Gemeindebau-Areal Rabenhof. Sie waren nun wieder im Leben angekommen: Rechte Bahngasse. Molden war längst kein Dandy mehr, hatte eine eigene Band und wurde bekannt für seine Musik und seine Liedertexte.

Über die Jahre begegnete ich Molden immer wieder. Einmal spät nachts, als ich noch bei einem Stadtheurigen im Achten vorbeischaute, wo zufällig der Deuticke-Verlag ein Fest feierte. In Zigarettenqualm und Weindunst hing Molden, jetzt mit Hut und, inzwischen Anfang 40, mit einer Ahnung vom Gewicht der Welt, wie ein Tom Waits aus Wien über seiner Gitarre und coverte Songs à la „Me and Bobby McGee“ oder „Desolation Road“ oder was immer, und man dachte nicht mehr an die Originale. Er hatte inzwischen bei Deuticke, dessen Programmchefin Martina Schmidt erfolgreich nie einen Verlag der Lektoren, sondern der Autoren betrieb, wie viele andere Schriftsteller ein geistiges Zuhause gefunden.

In der bohemistischen Welt Wiens konnte er sein Werk fortsetzen, den Blues oder seine Version des Wienerliedes, Lebensbetrachtungen eines kosmopolitischen Regionalisten. „Unlängst, spät, spät in der Nacht, ist noch wer kumma und hat mir was 'bracht, a Binkerl (ein Säckchen), ned groß, aber kaum zum Derheben und der was mir's 'bracht hat, hat g'sagt: Schau, dei Leben."

Molden ging es in seinem Leben um zwei Kernkompetenzen: „Gitarre spielen und mich in meiner Umgebung auskennen." Seit zwei Jahren schreibt er für die Samstags-Ausgabe des „Kurier" eine Kolumne: „Wien Mitte." Da führt er einen in lesenswerter Kurzprosa durch seine Nachbarschaft und zu den saftigen Gurken vom Volkertmarkt oder den Flugenten vom Rochusmarkt oder über den traumschönen Biedermeier-Totenhain, den St. Marxer Friedhof. Mitte ist immer dort, wo man lebt und mit einem die Frauen und Freunde.

Nach dem Untergang des Tonträgermarktes muss die Musikszene alle möglichen Auftritte annehmen und singen bis zum Umfallen. Aber das habe den Vorteil, dass man viel herumkomme, sagt Molden. Ansonsten sei die Kulturpartie Wiens sehr hermetisch und die Behauptung ihrer Antibürgerlichkeit Philistertum. Die Bands dagegen seien offen, es gebe auch keine Gräben mehr zwischen Elektronik, Jazz oder Wienerlied. Manche Gruppen seien stolz darauf, nicht bekannt zu sein. „Underdogs sind anders", sagt Molden.

Letztes Jahr hatte im Wiener Rabenhof-Theater ein Singspiel Premiere: *Häuserl am Oasch*. Das Häuserl ist ein Gasthaus im Wienerwald: „In die uralten Baam scheppern die uralten Traam." Der Wirt ist schon 739 Jahre alt und seine Tochter klagt: „Wenn der Papa in Wald geht, na hat er an Grund. Dann nimmt er sei Buff'n und schießt auf an Hund. Dann schaut er den Rest von der Welt nimmer an, der Papa in Wald is a einsamer Mann." Der Alte jagt mit seiner Pistole streunende Hunde, und ein Phantom geht um, das dem berühmt-berüchtigten Wiener Bürgermeister Karl Lueger („Wer a Jud ist, bestimm i") zum Verwechseln ähnlich sieht. Die Wirtstochter braucht einen Mann, der Polizist das Phantom, nach dem absurderweise auch die Straße vor dem Burgtheater benannt ist („Dr. Karl-Lueger-Ring") und der Wirt endlich seine selige Ruh.

Moldens wunderbare Lieder erinnerten an zeitgenössisch instrumentierte Nestroy-Couplets, und die Aufführung gehörte zu den Höhepunkten der Wiener Theatersaison. Das nächste Stück soll draußen am Alberner Hafen spielen, in der Freudenau, wo früher die Leichen der Lebensmüden angeschwemmt wurden, beerdigt auf dem „Friedhof der Namenlosen", daneben ein großartiges Wirtshaus mit Gastgarten, „für a schöne Leich'", also eine Bestattung mit Après-Schnitzeln – typisch Wien.

Er ist einer der großen Wiener Künstler, ein melancholischer Realist, der im Grund immer davon erzählt, dass es die größte aller Künste ist, das eigene Leben zu führen. „Im Finstern gehst furt und im Finstern kummst haam. Der Wind is a Wiener und raunzt durch die Baam", singt Molden. (2011)

So sind sie, die Krawattenmonster!
Eine Verbeugung vor Heribert Sasse

Mensch Meier, dieser Sasse! Allein sein Dresscode: Krawattenträger. Mein altes schwarzes T-Shirt und ich haben ihn unbekannterweise nie gemocht. Sasse, Heribert, in den Achtzigern Chef des Berliner Schillertheaters, Nachfolger von Boy Gobert an einer der größten Bühnen des Landes. Nie ein Liebling der Feuilletonpresse gewesen. Selbst Joachim Kaiser, der noch Kurt Meisel am Bayerischen Staatsschauspiel hochhielt, nannte ihn einen „netten Boulevardier mit harmlosen Abgründen". Sasse, der österreichische Schauspieler und Regisseur – das war für die Fachpresse von damals der Angriff der Killertomaten auf die neue Zeit.

Es war die Zeit der Bibliothek Suhrkamp und der Halbgötter in den deutschen Theatern, die Zeit der Peter, Zadek und Stein. Und „Heri", wie ihn seine Freunde nannten, saß in der Direktionsstube des Schillertheaters und sprach unüberlegt so Sätze aus wie „Bei mir wird's keine größeren Experimente in der Regie geben". Mensch, Sasse, dachte man, das hätte doch nicht einmal Meier gesagt.

Ich war gerade auf dem Weg zu Sasse, der um die Jahrtausendwende das Berliner Schlossparktheater in Steglitz unter sich hatte, ein kleines Haus mit großer Tradition, hübsch hinter ein paar Bäumen verborgen.

Wiener Freunde hatten mich auserkoren, Sasse zu einem Auftritt in einem Stück über den als sechsfachen Mörder verurteilten Udo Proksch zu überreden, bei bescheidenen Bezügen. Er saß hinter einem großen Teakholzschreibtisch, dunkler Anzug, feines Tuch, Krawatte, Manschettenknöpfe und Zigarillos, alles tipptopp.

Fast schien er überrascht, dass der Kritiker aus dem anderen Lager, der vermutliche Tortenwerfer, frisch geduscht, gekämmt und pünktlich erschienen war. Sasses Nase witterte nicht den Stallgeruch, den womöglich üblen Gestank unterbliebener Küchendienste in den WGs der siebziger Jahre. Unvermittelt sagte er: „Sie lesen den Interviewer und ich die Hauptfigur!" Ich sagte: „Aber .." Sasse sagte: „Nein. Wir müssen üben, damit ich mich entscheiden kann, ob ich das Engagement annehme, und die Bedingung ist, dass Sie selbst der Interviewer sind."

So begannen an diesem ansonsten langweiligen Nachmittag im bürgerlichen Steglitz zwei Feinde, die einander nicht kannten, mit verteilten Rollen zu lesen. Ich hatte meinen Hund Tommy dabei und ahnte nicht, dass eine Etage tiefer Sasses Hund, ein belgischer Schäfer, auf seine Chance wartete: Einstein.

Mir fiel damals im Direktionszimmer das Wort „Chef" ein. Unter lauter Managern und Führungskräften war plötzlich der Chef verschwunden, und am Himmel erschien ein Mond für die Bescheidenen. Überall waren diese Zombies mit ihren Dreitagebärten, damit man glaubt, sie würden so dringend gebraucht, dass sie nicht einmal mehr Zeit haben sich zu rasieren – die Kinder vom Autopiloten.

Es hatte also schon diese neue Bescheidenheit begonnen, nicht nur in den Theatern, die immer nur ein Beispiel für das Ganze sind. Alles war jetzt „auch ganz gut" und „immerhin" – und Champagner bitte bei Aldi. Deshalb dachte ich über den Chef nach, den Alten, den echten, den unausstehlich jovialen Autoritären, den Durchhalter, der nie ein System vertrat, weil er selber das System war. Struktur? C'est moi, sagte der Chef damals. Saß da nicht so ein Haudegen vor mir, der vermutlich sogar über die schlechten Lateinnoten seiner kroatischen Putzfrauen informiert war? Für den Führungsstil keine Frage für Seminare, sondern der Persönlichkeit war? Dessen Überlebenstraining in Büros stattfand statt bei Survivalübungen in Hinterglemm?

Jedenfalls lasen wir weiter, und Sasse sagte: „Sie sind kein Schauspieler, das hört man, und darum geht es, ums Authentische. Machen wir's. Ich komme nach Wien." Er formulierte auf den Punkt. Bloß keine sinnlosen Debatten! Hier kocht der Chef!

Später kochte er dann wirklich und vorbildlich in seiner gemieteten Villa in Berlin-Zehlendorf. Offener Kamin, Billardzimmer, Einstein zu Gunsten Tommys separiert. Und er erzählte, dass er auch andere Chefs ausgebildet hat, damals im Schillertheater, aber was er damals nicht wissen konnte: Funktionäre von heute, Taktiker, Strategen. Der Burgtheater-Direktor Klaus Bachler, zum Beispiel, hat bei ihm als Schauspieler begonnen. Sasse hat ihm über den selbst erkannten Irrtum hinweggeholfen und ihn in die Verwaltung geholt. So begann Bachlers Karriere.

Mensch Meier, Sasse! Wie schrieb der Theaterkritiker Günther Rühle? „Sasse fehlten die stützenden, vorantreibenden Regisseure, die glückhaften Partnerschaften. Er lebte und arbeitete umgeben von Zweifel, Misstrauen und Voreingenommenheit.“ Aber mit ungebrochenem Enthusiasmus. Ein Chef verlässt als Letzter das sinkende Schiff. Was er auch immer künstlerisch versäumt haben mag, an einem hielt Sasse fest und hat es uns überliefert: Es gab sie, die Zeiten des persönlichen Formats.

Das fiel mir ein, als Sasse in Wien eintraf. Er betrat das kleine Theater im 3. Gemeindebezirk, wo er den, wie es heißt, sechsfachen Mörder spielen sollte und ich seinen Interviewer. Er sah das während der Proben mit Dosen und Papptellern verschandelte Parkett und begann als Erstes aufzuräumen. Er sagte: „So viel Respekt vor Hölderlin muss sein. Ich habe immer selber auch die Toiletten der Häuser, die ich leitete, inspiziert. Bleiben wir auch praktisch.“

In den ersten Proben war er dann schlecht und ich noch schlechter, und Sasse sagte: „Geben Sie mir eine Nacht Zeit!“ Am nächsten Tag war der Erfolg programmiert. Der Alte hatte gehandelt, war seinem Proksch auf die Schliche gekommen und half dann auch noch beim Einleuchten. Die Zeit der Halbgötter ist endgültig vorbei, der großen Solisten und Egomanen, jetzt geht's wieder ums Anpacken: Das signalisierte auch Sasse.

Er hatte da immer wenig Scheu. Als ich eine Premiere im Schlossparktheater besuchte, stand Sasse vor der Tür seines Theaters und begrüßte die Gäste. Hatte er nicht schwarze Lackschuhe an? Und dann dieses Stecktuch und diese angedeuteten Verbeugungen? Die verwegeneren Seiten seiner Person überspielte er mit Wiener Eleganz. Er hatte es sich in den Kopf gesetzt, mitten in der aufgewühlten deutschen Hauptstadt ein Stück Österreich zu platzieren. Mit dem Berliner Taxi in die Alpenrepublik! Als er Helmut Qualtingers *Herrn Karl* spielte, trat er zwischen 3000 Kisten Römerquelle auf, feinstes österreichisches Mineralwasser. Im Foyer gab es österreichischen Wein zu trinken, und auf der Bühne sah man überdurchschnittlich viele Stücke österreichischer Autoren. Hier war der Chef kein Ossi, sondern ein Ösi. Natürlich geriet das Haus dann in die Strudel Berliner Kulturpolitik, und es stellte sich heraus, dass der Berliner Strudel keine mit Schlagobers oder Vanillesoße dekorierte Leckerei ist.

Wir trafen uns dann in Hinterstoder, Oberösterreich. Dort bewohnt er am Ende des Ortes das ehemalige Jagdhaus des Herzogs von Württemberg. Umzingelt von den Bergriesen des Toten Gebirges, wo er schon als Jugendlicher im Sommer seine Ferien verbrachte. Sein Urgroßvater mütterlicherseits, Karl Lutze, war Hofkapellmeister zu Franz Josephs Zeiten, ein anderer naher Verwandter war Otto Wagner, der große Architekt. Sasse wuchs zwischen hohen Viechern auf, ein in Linz geborener höherer Sohn der österreichischen Hauptstadt, der dann in jungen Jahren in den Freak-Dramen des Grazer Autors Wolfgang Bauer auftrat und sich aus Kellertheatern den Weg nach oben bahnte. Als es in Hinterstoder ruchbar wurde, dass er in Berlin zum Generalintendanten ernannt worden war, fragte ihn eine Bäuerin: „Sie sind jetzt General? Arbeitens nicht mehr am Theater?"

Ob als General oder Regisseur – auch in Hinterstoder ist Sasse der „Chef". Chef ist man eigentlich erst, wenn man kein Sekretariat braucht und keinen Titel. Es ist eine Frage der eigenen Motivation und der Akzeptanz durch die anderen. Nicht des Dreitagebarts und des Firmenlabels. Der Chef – das ist der Weg zurück vom Strukturellen zum Persönlichen, von den Ausreden zur Verantwortung. Garant sein – das ist die Aufgabe des Chefs, die persönliche Haftung. Dafür garantieren nur noch die alten Haudegen in den Theatern, was immer nur ein Beispiel für das Ganze ist. Auch das Schillertheater ist schließlich nicht an Sasse gescheitert, sondern an seinen wesentlich beliebteren Nachfolgern.

Als wir später in Berlin-Steglitz gemeinsam an Ödön von Horváths *Geschichten aus dem Wiener Wald* arbeiteten, sagte er plötzlich bei einer Probe: „Wenn Sie nicht sehen, dass in dieser Szene ein Schauspieler den anderen verdeckt, kann ich Sie nicht brauchen!“ Eine Chef-Eruption! Ich entgegnete ihm, dass es mir schon immer lieber war, weniger Schauspieler auf der Bühne zu sehen als zu viele, weil nach meiner Erfahrung immer viel zu viele da gewesen waren. Daraufhin lud der Chef, selber ein Schauspieler, zum Italiener gegenüber ein.

So sind sie, die Krawattenmonster, bisweilen nicht einmal humorlos. Wir müssen froh sein, dass es sie hie und da noch gibt, in diesen Zeiten ohne Halbgötter. Wir brauchen sie dringend, die Chefs, und auch so ein Sasse auf unserer Barkasse kann uns vor dem Absaufen gut retten.

Wie zum Beispiel jetzt gerade das Wiener Volkstheater, eine der drei großen Schauspieladressen der Stadt, aber ziemlich ruiniert. Jetzt hat eine neue Ära unter einem Direktor namens Schottenberg begonnen. Seine Hobbys sind Sozialkritik und Junges Theater. In beiden Sparten ist er vorerst gescheitert. Das neue Volkstheater – das sind Heribert-Sasse-Festspiele. Er tritt in drei großen Rollen auf, in Thomas Bernhards *Vor dem Ruhestand*, Tankred Dorsts *Ich, Feuerbach* und *Indien* von Hader und Dorfer. Er pflegt einen expressionistischen Schauspielstil. Immer im Kampf mit den Windhosen, die seine Auftritte auslösen, füllt er das 950-Plätze-Haus. Dieser Kampf um das psychologische Theater ebnet der Avantgarde den Weg. In Wien ist Sasse der Adam Riese der Situation, Einstein an seiner Seite.

Inzwischen wurde er an seinem 60. Geburtstag von Kulturstaatssekretär Franz Morak zum Professor ernannt. Das gehört zu den üblicherweise sehr früh beginnenden und sich langwierig hinziehenden Bestattungsmaßnahmen österreichischer Künstler durch die Kulturpolitik, besonders in einer so sterbefrohen Stadt.

Heribert Sasse – einst der prominenteste Watschenbaum des Feuilletons, für Injurien freigegeben wie kein anderer – jetzt Theaterretter und Professor. Von Einstein gibt es dieses Bild mit der herausgestreckten Zunge. Hing das nicht früher in den WGs der siebziger Jahre?

(2005)

Dienen ist doch keine Sünde
Herr Günther, Butler

Viele Jahre verlief das Leben in der Villa im alten Stil. Eine ältere Dame, von ausgewählten Freunden „Madame" genannt, führte in diesem toskanischen Vorbildern nachempfundenen Herrenhaus mit einem ihr freundschaftlich verbundenen jüngeren Mann aus ihren Kreisen, so unabhängig wie sie selber, ein herrschaftliches Leben. Mit Butler, drei weiteren Bediensteten im Service, einem Koch für den Früh- und einem für den Spätdienst, zwei Hausdamen, zwei Stubenmädchen und einem Chauffeur. Man lebte zurückgezogen, empfing handverlesene Gäste und hielt sich an ein selbst auferlegtes Zeremoniell.

Man war ganz schrecklich vornehm, beschäftigte Bedienstete in der Stärke einer Fußballmannschaft und zog sich, wenn der Abend auf das dunkle Babyrosa der Villamauern fiel und die Zypressen im Garten wie schwarze Fackeln aussahen, zum letzten *Dinner for two* zurück. Diese Villa war ein Eiland. Da fuhr kein Schiff mehr rüber.

Aber im Herbst kamen über die Villa nicht die Nebel von Avalon, sondern die Schnürlregen von Salzburg. Die toskanische Villa mit den Zypressen im Garten war kein verwunschener Ort aus einer fernen Sagenwelt, wie man hätte glauben können, sondern ein Herrenhaus in Salzburgs Villenviertel von heute. Vom Café Bazar und dem Hotel Sacher Salzburg auch ohne Chauffeur mühelos zu Fuß zu erreichen. Als „Madame“ verstarb, übernahm dann der jüngere Herr die Führung des Hauses, reduzierte das Zeremoniell, öffnete sein Haus den Zumutungen der Gegenwart und behielt vom Personal zwei Hausdamen und den Butler, einen spirligen Mann von 63 Jahren. Vor der Villa steht nun statt der Limousine ein Range Rover, und das kurze Haupthaar des Butlers erstrahlt in unterschiedlichen Modefarben, von wasserstoffblond bis hennarot. „À la nature“, wie er erklärt. Man kann daraus ersehen, dass Herr und Butler mittlerweile statt des formellen einen leicht ironischen Lebensstil pflegen.

Als ich wenige Monate nach dem Tod von „Madame“ erstmals die Villa betrat, fiel mir die Königin von England ein, die ihre *stiff upper lip* an ein Lächeln verriet, als sie ein Haushaltswarengeschäft besuchte. Beim Blick auf unsere Plastikschüsseln soll sie gesagt haben: „Ach, das hat man heute.“ Heute hieß das Unwort, das sie trotz bester Vorsätze mild bestürzte. Heute – das ist morgen gestern. Genauso wie übermorgen unsere Zukunft. Was bleibt, sind Vergangenheiten.

Davon erzählte auch die Villa in Salzburg, in die mittlerweile die *Chronique scandaleuse* unserer alltäglichen Missgeschicke eingedrungen ist und bisweilen auch den sonst so perfekten Butler erreicht hat. Reden wir gar nicht vom Fünf-Minuten-Ei zum Frühstück, das er im neuen Stress bisweilen zu Beton verkochen ließ, oder dass er Angestellten vor dem Besuch eines Großfürsten empfohlen haben soll: „Den Großfürsten immer mit Hochwürden anreden!“ Aber der neue Herr schien seinen Butler dafür zu lieben. Auch in der leidigen Eier-Angelegenheit kam es nicht zum Eklat. Der neue Herr arbeitete viel und nahm das Frühstück beiläufig in der kleinen Angestelltenküche ein. Von dort hörte man ihn sagen: „Beim Eierkochen kommt es bisweilen auf Sekunden an, Herr Günther." Und der Butler soll ihm beigepflichtet haben: „Auf Bruchteile." Eine gekonnte Volte seiner Konversationskunst, die weit entfernt ist von jedem logischen Bezug auf den jeweiligen Fall.

Herr Günther nannte mich von Anfang an „Herr Schöttl". Alle Versuche, ihn zu überreden, mich Schödel zu nennen, schlugen fehl. Er, der die Sprachen liebt wie Opfer, vermochte in dieser „Banalie" keinen Sinn zu entdecken. Bei solchen Namen vermisste er wohl eine ganze Menge und eben auch *la différence*. Seine Körperhaltung deutete ein resigniertes *excusez* an, als er antwortete: „Schöttl. Sag ich doch. Sch – ule, Ö – konom." Ich dachte mir damals, dass es offenbar egal ist, ob man in früheren Jahren eine Schulung in Marxismus-Leninismus abbekommen hat oder in spanischem Hofzeremoniell. À la longue bleiben Milieuschäden. Dort, wo die Widersprüche begannen, also nach dem ö, erlosch das Interesse des Butlers auf die distinguierteste Weise. Denken in Widersprüchen ist verdammt unaristokratisch.

„Sind noch Wünsche offen, Herr Schöttl?", fragte Herr Günther stets und umsorgte meinen Hund mit derselben Grandezza, die ihn ein wenig atemlos machte. Dieses vorzeitige Erschöpftsein, das beim wahren Aristokraten ein Ausdruck von Melancholie ist, dieser kleine Riss in der Contenance, dieses seelische Bäuerchen nach der schweren Kost der Privilege – das alles hatte dieser Butler drauf und servierte Tommy Bio-Pute, Reis und Möhren. „Leicht anpüriert, Herr Schöttl!" Manchmal schenkte er mir ein Lächeln zusätzlich, über das förmliche hinaus, quasi ein Lächeln aufs Haus. Nicht aus Hochmut oder Mitleid, sondern angenehm stilvoll – aus Sorge um einen Mann, den sie seiner Meinung nach Schöttl nannten.

Unsereiner kennt Butler nur aus dem Fernsehen. Diesen James, der im Silvesterprogramm das *Dinner for one* serviert. Den Butler aus dem *Haus am Eaton Place* oder Butler Geoffrey im *Prince von Bel Air*. Wenn aus dem Moor die Nebel stiegen und die Parkeule rief, serviert in Edgar-Wallace-Filmen der Butler auf Dartmoor Castle den Night Cup für die Herrschaft, steif und düster, oder anderswo komisch wie der Ufa-Butler Theo Lingen.

In London gibt es „The Ivor Spencer International School for Butlers Administrators and Personal Assistants". Mister Spencer stand 37 Jahre lang im Dienste der königlichen Familie. Da lernt man, was ein Butler alles können muss, zum Beispiel Zeitungen bügeln, damit sie bei der morgendlichen Lektüre auf der erlauchten Bettwäsche keine Druckerschwärze hinterlassen. An Weihnachten darf er am Tisch der Herrschaften Platz nehmen. Allerdings sollte er wissen, dass er sich nach zwei Minuten höflichst von selbst wieder zu entfernen hat.

Für einen solchen Beruf, dachte ich mir, braucht man ein gesundes Selbstbewusstsein und einen robusten Humor. Das alles ist ja auf eine traurige Weise letztlich unverschämt. Ich dachte an *Die Zofen* von Jean Genet. Das wäre allerdings bereits eine kritische Deutung. Die Aristokratie aber ist avantgardistisch: *Against interpretation*. Nur für geladene Gäste.

Ich war als Journalist in die Villa gekommen, um über die Projekte des neuen Herrn zu recherchieren, die mir nicht rückgewandt, sondern visionär vorkamen, und fand nach und nach zu seinem Butler Kontakt. Er wuchs zum Thema. Schließlich ist retro wieder in. Man sortiert die Vergangenheiten, sucht in der Krise nach der alten Form. „Je unsicherer die Welt wirkt", schreibt Florian Illies in seinem Buch *Generation Golf II*, „um so attraktiver werden die scheinbar altmodischen Werte."

Da ist die toskanische Villa in Salzburg doch bingo, dachte ich, als sich Herr Günther, der mich inzwischen über Wochen beim Recherchieren und Schreiben beobachtet hatte, an meinen Tisch setzte, was ein Butler eigentlich nicht darf, und sagte: „Sie sind auch ein armes Ding, Herr Schöttl." So wurden wir Freunde und unterhielten uns über den Wert des Dienens, die Zeit bei „Madame". Herrn Günthers Sprache wurde dann immer sehr künstlich und verschraubt.

Herr Günther, warum dienen Sie?

Dienen ist doch keine Sünde. Das sind Leistungen, die so ausgeführt werden müssen, prägnant und präzis, sonst kann man in dieser Form nicht aktiv sein. Ich kann natürlich nur Menschen dienen, die ich schätze.

Bei „Madame" war alles sehr förmlich?

Es wurde kein Wort gesprochen. „Madame" läutete. Alles weitere lief über Blickkontakte.

Und man entfernte sich rückwärts?

Sonst hätte man sich von den Herrschaften abwenden müssen. Das ist nicht zulässig. Man muss in Front zu den Herrschaften stehen, die man bedient. Wenn sie die Augen abwenden, kann man gehen. So ist es.

Wenn es vorgesehen wäre, dass wir rückwärts laufen, hätten wir die Augen hinten, Herr Günther.

Es war eben alles streng geregelt. So war es nun mal. Um acht Uhr wurde das Frühstück serviert, neben dem Salon im ersten Stock. Tee, *milk avec sucre*, Joghurt, Orange Juice, Konfitüre. Keine Semmeln! „Madame" aß frisch geschnittenes Brot. In der Früh sehr dünn geschnitten und ohne Rinde. Es musste alles genau und pünktlich sein. Weil „Madame" um acht die Tür öffnete und Platz nahm. Um halb zehn wurden Früchtetee und Aprikosenquark serviert, den sie bis zehn Uhr zu sich nahm. Dann zog sie sich zurück.

Sie trugen schwarz?

Normalerweise hatten wir Trachtenanzüge von den Habsburgmoden an und weiße Handschuhe natürlich. Die Damen durften nicht übertrieben geschminkt sein und kein zu starkes Toilettewasser tragen und keinen Schmuck. Die Haare der Damen waren hochgesteckt. Das fand „Madame" ästhetisch.

Wann bekam „Madame" wieder Hunger?

Gegen 13 Uhr. Drei bis vier Gänge. Wir haben zu viert serviert. Man speiste eher vegetarisch. Dann hat sich „Madame" wieder zurückgezogen. Der Koch musste die Küche sehr schnell aufräumen, damit sie nicht durch Lärm gestört wurde und die Gerüche verschwanden, die nun nicht mehr aktuell waren.

Dann hatten Sie Pause.

Nein, wir mussten ab 15 Uhr darauf achten, wann sich „Madame" nach unten bewegt, um ihren täglichen Spaziergang im Garten der Villa zu aktivieren. Wir mussten ihr dann die Türe öffnen. Sie ging in der Regel allein. Um 16 Uhr stand schon wieder ihr Früchtetee bereit, nicht warm, nur leicht temperiert. Nach 17 Uhr besuchte sie dann das Hallenbad. Dorthin bewegte sie sich ohne Personal.

Und dann gab es wieder Essen?

Gegen 20 Uhr nahm „Madame" noch eine Haferflockensuppe zu sich, gequirlt und in einer Silberschale serviert. Die Flocken durfte man nicht spüren, andererseits sollte die Suppe auch nicht zu breiig sein. Eine Stunde später zog sich „Madame" wieder zurück. Manchmal hat sie dann noch geläutet, wegen einer Zigarette oder einem Glas Johannisbeersaft.

Und morgens um acht trat sie wieder aus der Tür?

Genau so, Herr Schöttl. Und vor der Villa stand immer die Limousine bereit, die auf Hochglanz poliert sein musste. War da auch nur eine Kleinigkeit zu bemängeln, stieg „Madame" nicht ein.

Herr Günther ist in einem kleinen Eifeldorf aufgewachsen, ausgebildet zum Gärtner und Floristen, lebte in Hamburg und München und kam vor zehn Jahren in die Salzburger Villa. Er ist ein überzeugter Single, lebt am liebsten „à la distance" und ist viel gereist: „New York ist eine Sucht, Herr Schöttl", sagt Herr Günther. Er hat eine atemberaubende Begabung zur Exaltation und eine unerhörte Demut. Der stumme Diener für „Madame" war vielleicht die Lieblingsrolle seines Lebens. Ein Spiel ohne Worte, die eitle Form, die ihm das Warum nicht nur verbot, sondern auch erspart hat.

„Ich serviere von rechts und trage von links ab“, sagte Herr Günther. Die alten Rituale von „Madame“ waren zugleich ein krisenfestes Programm. Wer die Regeln einhielt, hatte scheinbar schon alles richtig gemacht, und deshalb war die Villa auch ein Ort der Entlastung. Hier wusste jeder, was er zu tun hat, und zwar fraglos. Eine Art von Sicherheit.

Dann verstarb „Madame“, und der jüngere Herr, der mit ihr das Haus geteilt hatte, ließ im Chalet neben dem Garten Büros einrichten und hatte auf den Hügeln über Salzburg ein Gut bauen lassen. Er war aufgrund seiner Herkunft in die alte Form hineingeboren wie andere in die Unform, hatte aber das untrügliche Gefühl, dass draußen einiges grundsätzlich schief läuft. Er war kein Spießer, hatte hier und dort gelebt, in München eine Schauspielausbildung absolviert, in Boston eine führende Position in der Industrie bekleidet. Als er in Malaga sah, wie man Hunde vergast, machte es klick.

Sein Name ist Michael Aufhauser, der Gut Aiderbichl erbaute, wo aus unerträglichen Umständen gerettete Tiere leben. Er entschloss sich, statt auf die alte Form auf alte Werte zu setzen. Auf Respekt: vor den Tieren als Mitgeschöpfen und vor uns selber. So hat er die Villa zum Leben erweckt und für den neuen Trend nach Althergebrachtem schon früh die Maßstäbe gesetzt. Der neue Stil hat seinen Preis. Statt um Zuwachs geht es um Verzicht. *Noblesse oblige.*

Also hat Aufhauser statt Personal Mitarbeiter engagiert. Tierpfleger, Stallarbeiter, Sekretärinnen. Sein Arbeitstag beginnt um sechs und endet um Mitternacht. Der alte Stil ist vorgewerkschaftlich und bitter, und das

Geld fließt nicht mehr in Trachtenanzüge für das Servierpersonal, sondern zu Gunsten der Sache. Herrn Günther missriet von nun an auch das Fünf-Minuten-Ei, und er lebte in seinen Räumen mit sieben von Aufhauser geretteten Hunden. Er erlebte die Neudeutung der alten Form. Ohne strukturelle Sicherheiten.

Unter den Hunden, die Herr Günther betreute, liebte er Snoopy am meisten. Eine treue Seele mit Schlappohren, gerettet aus Versuchslabors. Vor ein paar Tagen verstarb Snoopy im Alter von 13 Jahren. Es traf Herrn Günther hart, er erwies Snoopy in aller Form die letzte Ehre und flocht ihm als Florist ein Abschiedsgesteck.

Dann kam Herr Aufhauser ins Haus und fragte nach dem Schlüssel, weil er ihn vermisste. Herr Günther packte daraufhin seine sieben Sachen und verließ die Villa.

(2003)

Mit schönen Grüßen vom Feuerhügel

Michael Aufhauser und sein Gut Aiderbichl

Die dunklen Zeiten wollten nicht enden auf Aiderbichl. Auf dem Hügel über Henndorf, ganz in der Nähe von Salzburg, herrschten in der Heimatfilmlandschaft oberhalb des Wallersees nichts als Zwist und Rachsucht, Verrat und Hinterhalt. Es war eine Welt des Schreckens, in der eine Frau lebte, die man bis heute nicht ohne heiligen Respekt „Die Aiderbiin" nennt. Diese 1929 geborene Bauerntochter, bürgerlich Kathi Huber, war schon mit 33 Jahren die einzige Bäuerin unter lauter Bauern weit und breit, dazu damals noch unverheiratet, aber vertraut im Umgang mit einem Gewehr, das sie von ihrem Großvater übernommen hatte. Der hatte ihr den Aiderbichlerhof vererbt und es zu Lebzeiten krachen lassen, wenn Einbrecher kamen oder nach dem Krieg die Plünderer. Er stellte die Bauernfamilie dann unter Waffen, Kathi inklusive.

Diese Gegend war nichts für schwache Nerven. Kathis Vater erschoss sich mit einem Jagdgewehr, ein Nachbar brachte sich mit dem Traktor um und ein anderer mit dem Auto. Ein weiterer erhängte sich an seiner Holzhütte im Wald, und nach derselben Methode beendete eine Bekannte aus dem nahen Eugendorf ihr Leben in einer Silvesternacht in Kathis Wäldern. Auch ihr späteres Eheleben stellte jeden Strindberg in die Ecke. Als es, zum Beispiel, zu einer strittigen Verhandlung vor Dritten kam und sie gerade zu einer Ohrfeige ausholen wollte, habe sie ihr Mann, der Huber, mit einem Hieb gegen ihren Kehlkopf einfach ausgeknockt und sich später eine Pistole gekauft. Fünfmal habe er sie fast „weiterputzt", also umgebracht, in wesentlichen Fragen immer gegen sie und einig mit dem Bürgermeister und seinem Gemeindesekretär. So ging es hin, dieses Leben auf dem Lande, bis die meisten ihrer Feinde der Teufel geholt hatte.

Aber da war noch etwas, dieser letzte Satz ihres sterbenden Großvaters, wonach eine Wende kommen werde auf Aiderbichl. Sie kam mit dem neuen Jahrtausend, als ein vermögender Mann auf den Plan trat, weit gereist, erfolgreich im internationalen Management, der sich, damals Mitte 40, in Salzburg eine toskanische Villa eingerichtet hatte, mit Koch, Butler, Chauffeur und Zypressen im Garten, und oben auf den Hügeln, am Rand der Wälder, ein Gut mit einer großen Reithalle, einer Konstruktion aus Stahlträgern und Holz und einem kleinen Türmchen mit einer eisernen Wetterfahne. Denn der vermögende Mann war auch ein Reiter.

Aber wie es so ist – das Leben begabter Menschen ist kein ruhiger Fluss. Irgendwann kommt unweigerlich die Szene vor dem Badezimmerspiegel, da sagt der Mensch, der an Veränderbarkeit glaubt: Diesen Typ rasiere ich nicht mehr. Oder im anderen Fall: Dieser Bart muss ab. Denn man hat nach einiger Zeit immer Grund genug, mit sich unzufrieden zu sein, und so erging es wohl auch Michael Aufhauser, diesem vermögenden Mann, der vor seinem Büro in Malaga regelmäßig einen streunenden Hund gefüttert hatte, als er sah, wie der Hund in einem Kastenwagen von Hundefängern abtransportiert wurde. Er folgte dem Wagen und fand sich vor einer Gaskammer wieder, in der man die Hunde beseitigte. Er kaufte die Todeskandidaten frei, brachte sie nach Deutschland und dachte von nun an in eine Richtung, die später zum Aiderbichl-Slogan führte: „Leben lieben. Aiderbichl."

Denn es wurde ihm Angst und Bang', weil er dachte, wer heute Hunde vergast, vergast morgen vielleicht auch wieder Menschen, schließlich liegen die finstersten Zeiten nur siebzig Jahre zurück. In Folge verzichtete er auf die private Reithalle, wollte sowieso kein Reiter mehr sein und beschloss, das Gut insgesamt der geschundenen Kreatur zur Verfügung zu stellen, kaufte Pferde vom Pferdemarkt weg, rettete Tiere vor qualvollen Tiertransporten, nahm Ausgesetzte und Malträtierte auf, trat aber auch bald schon mit der Hospizbewegung in Kontakt und unterstützte Tiertherapien für autistische Kinder. Das Projekt Aiderbichl begann. Das war 2001.

Ich wusste davon nichts, als ich ein knappes Jahr später in einem Wiener Kaffeehaus saß und auf die Spätmaschine zurück nach Berlin wartete, wo ich damals wohnte. Ich überlegte, anlässlich der nächsten Salzburger Festspiele auch etwas über die Festspiel-Society zu schreiben und rief die Gesellschaftskolumnistin Ro Raftl an. Sie sagte, dass sich viel verändert habe und es nun, zum Beispiel, diesen Michael Aufhauser gäbe: „Aber der will immer nur über Tiere reden. Musst schauen, wie du das machst." Nach kurzem Hin und Her bekam ich Aufhausers persönliche Handynummer.

Zurück in Berlin rief ich an und hörte eine sanfte Stimme sagen, dass dies fast eine Fügung sei und er in ein paar Tagen einen Empfang gebe, wozu ich eingeladen sei. Es ging ein schöner Frühsommertag zu Ende, als ich ankam. Der Himmel über dem Gut war blau, nur an den Rändern, wo er auf den Hügeln den Wald berührte, sah er schlierig und weiß aus. Der Golfplatz von Altentann, gleich in der Nähe, war schon menschenleer, und während die Vögel zwitscherten, hörte man das Hämmern eines Gutsarbeiters, der einen Holzpflock in die Erde rammte und ein Kälbchen versorgte, das ein rotes Ledergeschirr trug und mit einem Haufen Rüben gefüttert wurde, während emsig arbeitende Bedienstete Buffets aufbauten und Tische deckten.

Der Gutsherr begrüßte mich herzlich, und ich hatte das Gefühl, ihn schon lange zu kennen, was natürlich nicht stimmte. Ein Butler, an dem mir besonders die weißen Handschuhe auffielen, brachte Champagner, und allmählich fuhren die Geladenen den Berg herauf. Madame Ah und Madame Uh und Adel und Schauspieler noch dazu. Aber zwischen der honorigen Gesellschaft lief ein sehr gepflegtes Hängebauchschwein herum und machte sich an den Roben zu schaffen. Gerettete Esel dösten in der Sonne. Dies war offensichtlich ein Platz für Tiere, für Schwächere, nicht für Sieger. Und die Gutsgebäude standen in der Landschaft wie Denkmäler. Denk mal!

Was hätte es gebracht, wenn Aufhauser Hans Wollschlägers bahnbrechenden Essay *Tiere sehen dich an* vorgelesen hätte, nach dem auch der Literaturgelehrte sein Leben verändert hatte, voller Abscheu gegen eine egozentrische Gesellschaft, die ja nicht nur sich selber bekämpft, sondern einen ganzen Planeten? Weil es ja wurscht ist, wie viele Millionen Jahre Haifische auf dieser Erde leben, wenn die Menschen einfach alle umbringen, um Haifischflossensuppe zu fressen. Weil sie nicht begreifen, dass sie vermutlich die blödesten sind, die den blauen Ball bewohnen. Jedenfalls reicht offenbar schon jenseits der genetischen Bestimmung ein kleiner Rest an Entscheidungsfreiheit aus, um alles zu verschandeln.

Schon bald gab mir Aufhauser zu verstehen, dass er weiß: Tierrettung und weitere Maßnahmen sind nur Symptombekämpfung, und in Zeiten wie diesen kann man ohne Entertainment keine Inhalte mehr vermitteln. Als wir uns später wieder trafen, war mir klar, dass er ein Mensch ist, der weiß, was er will. Und ein Idealfall, ein Garant, denn er hat die Sehnsucht nach den Partys der Reichen und Schönen hinter sich, es gibt für ihn auch keinen Anlass, an dieser Arbeit zu verdienen, alles kann in das Projekt fließen.

Als ich, um meiner Professur nachzukommen, zwei Jahre in Salzburg wohnte und alles hautnah erlebte, kamen wir in Gesprächen zu zwei wesentlichen Thesen. Die erste: Erst wenn es keinen Tierschutz mehr geben muss, haben wir etwas verändert, nämlich uns. Und zweitens: „Zwischen den Zuständen in manchen Pflegeheimen und den Legebatterien besteht mehr als ein struktureller Zusammenhang. Tierschutz ohne Menschenschutz macht keinen Sinn."

Inzwischen gibt es 18 Aiderbichl-Höfe, wovon nur zwei öffentlich zugänglich sind; als Beispiel für das Unternehmen und seine Philosophie. Die Arbeit mit chronisch kranken Kindern wird verstärkt, seit Aiderbichl auch den „Sonnenhof" von Renate Thyssen-Henne und ihrer Tochter, der Begum Aga Khan, verwaltet, auch in der französischen Auvergne entsteht gerade ein neues Gut.

Die Spenden so vieler Menschen, die inzwischen von Aiderbichl überzeugt sind, zwingen geradezu zur Expansion, weil alles, was hereinkommt, wieder in die Sache selbst investiert wird. Aufhauser würde der Hoffnung ihre Chance nehmen, wenn er nicht entsprechend reagierte. Gerade hat er auf Anfrage des österreichischen Staates, der niederösterreichischen Landesregierung und der Pharmafirma Baxter die Betreuung von 40 ausgedienten Laborschimpansen übernommen, die vor Besuchern geschützt den Rest ihres Lebens „in Würde" verbringen dürfen, wie er sagt. Schimpansen sind bekanntlich Primaten und teilen mit uns 98,7 Prozent der Gene.

Inzwischen gibt es auf Gut Aiderbichl eine Schimpansenausstellung, die später auch auf Reisen gehen soll. Sie zeigt zunächst den Gang der Evolution und führt dann in ein Kino, in dem ein Film über die Primaten gezeigt wird. Dann fährt die Leinwand nach oben und gibt den Blick frei auf einen original nachgebauten Käfig, in dem unsere Verwandten für die medizinische Forschung wie in Isolationshaft bis zu 20 Jahre lang dahinvegetieren mussten. Durch kleine Fenster konnten sie ihre Artgenossen sehen, aber nicht berühren. Zur Durchführung der Versuche wurde ein noch kleinerer Käfig an den anderen herangefahren. Am Ende der Ausstellung blicken die Schimpansen von großen Fotos herunter: „Warum?" Warum hat man ihre Mütter erschossen und sie hierher gebracht?

Der Mann auf Aiderbichl ist sich für keine Anstrengung zu schade, um das Ruder gegen den Missbrauch herumzureißen. Schließlich geht es darum, ein Umdenken zu bewirken und vor diesem Hintergrund, mit der Öffentlichkeit im Rücken, vielleicht ein Büro in Brüssel zu haben, nahe bei denen, die durch Gesetze das Ganze verschulden.

Außerdem, wenn zum Beispiel die Esel in Griechenland bergauf, bergab Säcke schleppen und dann, wenn sie nicht mehr können, in der Pampa an einen Baum gebunden werden, damit sie verhungern – sind wir da in einer Gesellschaft, der das soziale Netz reißt, vielleicht auch bald bei uns selber?

Inzwischen gibt es in Michael Aufhausers Salzburger Welt keinen Privatkoch mehr und keinen Butler. Die Stadtvilla bewohnen mit ihm zusammen Hunde, Katzen und im Garten Laufenten und Hühner. Sämtlich gerettete Tiere. Geben und helfen hat nicht nur mit Geld zu tun. Das heißt auch verzichten. Mit schönen Grüßen von Aiderbichl, was so viel heißt wie: Feuerhügel.

(2010)

Gorizia sehen und dann sterben
Ein Besuch beim Veterinär Dr. Rossi

K. ist ein kleiner Ort auf den Höhen des Frankenwaldes, über eine schmale Straße zu erreichen, die sich vom Tal der Wilden Rodach einen steilen Berg hinaufwindet. Dort verbrachte ich als Kind den Sommer. Im Stall stand Fritz, ein schwarzer Hengst, den ich füttern durfte. Auf den Wiesen vor den Wäldern, auf denen Blumen blühten, grasten die Rinder. Die Milch trank man kuhwarm. Der bäuerliche Familienverband war noch halbwegs intakt, auch wenn das nicht für alle Beteiligten ein Trost war. Jedenfalls galt Paragraf eins: Jeder macht Seins. Die Kühe dösten auf den Wiesen, Fritz sprang über die Koppel, Oma butterte, und der Bauer trank abends am Stammtisch ein Bier zu viel. Das ist zwar erst gut vierzig Jahre her, klingt aber jetzt schon nach Rosamunde Pilcher.

Natürlich konnte es in K. nicht bleiben, wie es war. Längst warteten die Fleischberge und Milchseen der EU auf ihre Stunde. Es war höchste Zeit, auch die letzte Milchkuh zur Fließbandarbeiterin umzuschulen. Und auf Fritz wartete längst schon ein Schlachter in Italien, um ihm als Esel einen Nachruhm in seiner Salami zu verschaffen.

Die neue Zeit hatte begonnen. Die Kinder der Kleinbauern arbeiteten in Großraumbüros oder als Akkordarbeiter in der Fabrik. Die Hühner quälten sich in den Käfigen der Legebatterien. Oma butterte nicht mehr und wurde im Seniorenstift zum Objekt der reinen Körperpflege, berechnet nach Minuten: waschen, betten, abspeisen. Die Rinder standen sich auf den leicht zu säubernden Spaltböden der neuen Ställe vier Beine in den Bauch, und Fritz wurde geschunden und eingepfercht in einem Tiertransporter über Tausende von Kilometern mit EU-Geld quer durch die EU zum Schlachter transportiert. Oma war zur Altlast geworden und Fritz zu einem Teil des neuen Fleischberges. Es hatte ein Krieg gegen die Schwächeren angefangen und gegen alles Kreatürliche, die Blumen von K. inklusive.

Natürlich gibt es auch den kleinen Bauernhof nicht mehr. Die Familie ist zerfallen und K. eine Schlafstadt im Kleinformat.

Ich saß gerade auf Gut Aiderbichl bei Salzburg, das ich durch Zufall entdeckt hatte, ein Happy-End-Island der geschundenen Tiere, erbaut von Michael Aufhauser, einem der Salzburger Multimillionäre, der seine Mittel und seine Präsenz in der Gesellschaft für einen politischen Tierschutz nutzt. Das Gut erinnerte mich jetzt irgendwie an K. Ich hatte den Eindruck, dass man auf Aiderbichl Zusammenhänge erkennt, hinter Fritz die Oma nicht vergisst und sein weiches Frühstücksei köpfen darf, ohne gleich ans Elend der Hühner denken zu müssen; dass Aiderbichl das Ende einer Protestbewegung ist, die zu ihrer Zeit ihre Meriten hatte, und dass man jetzt statt nach Schuldigen nach Lösungen sucht.

Jedenfalls lud man mich zu einer Fahrt nach Gorizia ein, einer Stadt am Rande Italiens, wo von Slowenien her die Tiertransporte der Ostroute ankommen, von Rumänien, Polen, Ungarn, in der Hauptsache Pferde, aber auch Schafe, die weiter nach Italien, Frankreich, Belgien oder sonst wohin verbracht werden. Die Exkursion wurde beim italienischen Landwirtschaftsministerium vorschriftsgemäß angemeldet, und ich fuhr mit: mit einem Fotografen, einem Anwalt und der Verwalterin des Guts Aiderbichl, einer jungen Frau, die ihr Reitpferd am Mondsee geparkt hat und über einen englischen Pass verfügt. Ihr Name ist Bond. Alexandra Bond.

Dann lag vor uns, vor einer traumhaften Bergkulisse, Gorizia, eine italienische Grenzstadt nach Slowenien hin, deren Grenzübergang die Tiertransporte der Ostroute passieren. „Gorizia sehen und dann sterben", dachte ich. Aber was in Neapel noch eine Schwärmerei gewesen wäre – „Napoli vedere e poi morire" –, wurde hier für eine ganze Menge Reisender zur Prognose. Aber davon später.

Wir waren in Gorizia mit Dr. Rossi verabredet, einem geborenen Gorizianer, Sohn eines Lungenfacharztes, der in Turin Veterinärmedizin studierte und dann in seine Heimatstadt zurückkehrte, ein Familienvater mit zwei Söhnen. Der eine lernt Koch, der andere überlegt noch, was er tun soll, und liegt dem verärgerten Vater auf der Tasche.

Enrico Rossi ist eine eigenwillige Erscheinung. Im Grunde sieht er aus wie Sancho Pansa, nachdem er Don Quichottes Pferd geschlachtet hat. Sein Englisch besteht aus ins Ländliche verdrehten Brocken der Weltsprache, und sein Outfit grenzt an Vernachlässigung. Über einem kleinen Bäuchlein hat der ansonsten schlanke Mann eine

Trainingshose im Camel-Stil zusammengeschnürt, und das T-Shirt passt zu seiner Brille, vermutlich ein Modell von 1984. Damals wurde der Mann mit dem schütteren Schnäuzer Amtstierarzt an der Grenzkontrollstelle von Gorizia. Obwohl schon zwanzig Jahre im Amt, hat Dr. Rossi immer noch etwas ausgesprochen Linkisches. Ein unpraktischer Mensch offensichtlich, der sich ständig in technischen Details verliert und vermutlich im Kampf mit Kleinigkeiten, der ewigen Tücke des Objekts, seinen Beruf verschwitzt.

Und dann kamen die Reisenden, in denen sich Deportierte verbargen. An Gorizias Grenze trafen sie in Mengen ein, vornehmlich Pferde und Schafe, die wir gerade zu Ostern massenweise verbrauchen. Weihnachten müssen die Gänse dran glauben, Ostern die Lämmer. Wenn für uns Feiertag ist, ist für sie Feierabend.

In einem Pferdetransporter waren 25 Tiere zusammengepfercht, die Schafe fuhren auf drei bis vier Etagen übereinander. Ihre Lastwägen standen auf einem großen Parkplatz bei 30 Grad in der Sonne, und Bordservice gab es nicht: weder Wasser noch Futter. Die Schreie der gequälten Tiere führten uns zu den Waggons, in denen die Pferde ausschlugen und die Schafe vor Verzweiflung blökten. Auch sie waren mit Dr. Rossi und seinen Kollegen verabredet. Aber die Ställe der Kontrollstation waren gerade besetzt.

Allein 500 Pferde lässt Dr. Rossi pro Tag auf- und abladen. Sie sind dann keine Pferde mehr und keine Schafe. Sie sind Schlachtvieh, das Letzte auf dieser Erde, tage- und wochenlang unter unzumutbaren Umständen auf Achse. Gorizia sehen und dann sterben – das ist ihre Losung.

Dr. Rossi brachte uns dann in die Ställe. Ein Pferd brach schwitzend zusammen und zuckte, aber Dr. Rossi sah keinen Handlungsbedarf. Als es wieder stand, trieb man es in Richtung Transporter. Alles, was noch gehen kann, wird verladen. Ich sah es zwischen den Eisengattern davonlaufen. Am Ende seines Wegs wartete der Schlachthof von Modena.

Ein anderes Pferd hatte sich den Kopf blutig geschlagen, und es schien ihm eine Träne aus dem Auge über das Fell zu laufen. Wahrscheinlich können Pferde gar nicht weinen. Vielleicht war ihm Wasser von der Stalldecke genau unters Auge getropft. Nicht auszuschließen, dass auch die Ställe schon weinen. Nur die Menschen nicht.

Man wollte uns vorführen, dass die Tiere bei ihrem Stopp in Gorizia getränkt und gefüttert werden und dass die Tiertreiber maßvoll sind, Dr. Rossis ungeschlachte Helfertruppen. Was auffiel: In den anderen Ställen, wo gerade noch Tiere standen, waren die Wasserrinnen trocken.

Dr. Rossis Führung endete vor einem Krematorium, einem Blechcontainer mit Schlot und einer Betonschräge davor, auf der man die Kadaver zum Ofen ziehen kann. Hier wird verbrannt, was den Weitertransport absolut nicht mehr aushält. Allerdings weiß man, dass die Todeskandidaten manchmal zwei Tage auf den Gnadenschuss und das Feuer warten müssen. Die Hinrichtungen vollziehe nicht er, sagte Dr. Rossi. Er treffe nur die unvermeidlichen Entscheidungen.

Neben den großen Ställen sah das Krematorium ziemlich unscheinbar aus und war doch ein Monument der Verachtung. Es zeigte, dass man bereit war, den Tod der Tiere während der Transporte in Kauf zu nehmen, die

Verelendung und ihr Krepieren. Dieses Krematorium ist ein Votum für einen Missstand, dessen Folgen man durch den Schlot jagt, obwohl er dann erst recht zum Himmel stinkt.

Als wir anfangs nach Dr. Rossi suchten und über das Grenzgelände streiften, fuhren plötzlich drei Polizeiwagen auf uns zu, die Uniformierten nahmen uns die Pässe weg und verwahrten uns in ihren Büros. Ob wir zu Organisationen gehörten, die bisweilen Tiere aus den Transportern befreien, die dann herumlaufen und Verkehrsunfälle verursachen? Sie sind offenbar alarmiert in Gorizia. Denn sie wissen, was sie tun.

Auf den Transportern rebellierten und blökten nämlich nicht geschundene Lebewesen, sondern Teile von Fleischbergen, die auf- und abgebaut und herumgeschoben werden mit Segen und Subventionen aus Brüssel. Ober sticht Unter, Bauer Pferd.

Was dem Schlachtvieh noch fehlt: Dass es sich auf den Transportern sozusagen artgerecht verhält. Eine Aufgabe für unsere Gentechniker. Ein Transport-Gen könnte es bewirken, das Schweigen der Lämmer, sobald sie auf Reise gehen. Und dass sie uns nicht so anschauen durch ihre Gitterstäbe. Denn sie sehen uns zu bei unseren Verrichtungen, nicht anklagend, aber tief enttäuscht. Und müssten doch endlich begreifen, dass sie Berg sind und nicht Tier. Und dass wir auch ihre Milchseen nicht wirklich brauchen können. Aber dass uns der eine oder andere Geldhaufen durchaus über den Berg hilft. Und dass wir nicht alle mitschleppen können, sondern auch an uns denken müssen. Rein wirtschaftlich. Immer nur wirtschaftlich. Landwirtschaftlich.

Nach unserer Ankunft an der Grenzstation hatten sich meine Begleiter auf die Suche nach einem Informationsbüro gemacht und ließen mich in unserem Golf zurück. Der Fahrer verschloss per Knopfdruck versehentlich den Wagen. Da saß ich bei über 30 Grad in einer Blechschüssel in der Sonne. Auch die Fensterheber waren außer Kraft gesetzt, die Hupe als Alarmsignal funktionierte auch nicht mehr, und die Luft wurde immer dicker und stickiger, Schweiß rann mir von der Stirn, ich hatte Angst und dachte, das wäre die Rache der Tiere. Da wurde ich befreit. Es war die Probe aufs Exempel.

Wir gaben später Herrn Rossi die weißen Arztkittel zurück, die wir uns zur Besichtigung seiner Schleuserklinik überziehen mussten, und fuhren nach Hause. Wir hatten keine besonderen Exzesse gesehen, nur den Exzess des Alltags, die Desaster der Routine und die Folgen des Stumpfsinns, der jede Anteilnahme verhindert. Der Anfang einer verheerenden Neutralität.

Es war Nacht geworden in Gorizia. Die Tiere schaukelten unterdessen um Hilfe schreiend in ihren Containern durch das nördliche Italien, und Dr. Rossi saß vermutlich zu Hause bei seinen Söhnen. Englisch kann er nicht. Dafür beherrscht er, was Voraussetzung ist für seinen Beruf: die Redeweisen des Schweigens, ein neues Latein.

Zurück auf Aiderbichl sagte Michael Aufhauser, der das Areal von seinem Privatgeld erbaut hat: „Erst wenn wir die Tiere nicht mehr schützen müssen, haben wir etwas verändert, nämlich uns.“ Unsere Exkursion und Verhaftung machte dann sogar noch in der „Kronenzeitung“ Schlagzeilen: „Da half selbst der Name nicht: Bond in den Fängen der Carabinieri.“ (2003)

Die Alpen und die Toten
Der Dichter Händl Klaus

Soviel scheint festzustehen: Klaus Händl, der sich als Dichter Händl Klaus nennt, gibt es wirklich. Er wurde in einem Innsbrucker Vorort geboren, der tatsächlich Allerheiligen heißt. Er hat zweifellos einen Prosaband und drei Theaterstücke vorgelegt, wurde mit Preisen bedacht und von „Theater heute“, dem Zentralorgan der Theaterschaffenden, zum Nachwuchsdramatiker 2004 gewählt. Er kann wunderbare Buchteln backen, wovon die Kulturszene ein Lied zu singen weiß, in Österreich, Deutschland und der Schweiz. Er begegnet den Menschen oft mit großem Überschwang, wobei es sich womöglich um eine umgekehrte Phobie handelt. Händl verbringt viel Zeit in Zügen, was allerdings weniger auf das Bild vom flexiblen Menschen verweist als auf den monomanen, in dessen Leben es immerhin zwei Gewissheiten zu geben scheint: die Alpen und die Toten. Außerdem ist er schwer mit anderen Menschen zu vergleichen. Es handelt sich um einen Einzelfall.

Aber wie leicht man sich täuschen kann! Das fängt schon bei der Kürze der Sätze in Händls Stücken an, die gar nicht wirklich kurz sind, sondern nur so wirken, weil von einem Satz gleich zwei oder mehr Personen leben müssen, die sich Satzteile und Wörter zu Staccato-Dialogen aufteilen. Emil spricht ein Adjektiv, Hanno ein Verb, man teilt oder legt zusammen oder spricht auf Punkt, weil Händls Menschen nicht wirklich Antworten erwarten. Man verwendet auch einen Satz gern mehrmals, so wie die jüngeren Brüder früher die Hosen der älteren auftrugen. Und dazwischen schlagen bisweilen die Kommata ein wie nach der übernächsten Rechtschreibreform. Und zerteilen alles ein weiteres Mal und nehmen dem Leser den letzten Rest von Sicherheit.

„mir ist heiß", sagt Gunter, „man muss ins Wasser, ab", folgert Hanno. „und zu", ergänzt Emil. Man muss ab ins Wasser, ab und zu. Ein „ab" hat sich Händl erspart, weil er immer lieber weniger als zuviel schreibt: verknappt, rhythmisiert und alles in der Schwebe lässt. Händls Lakonie ist ein Ausdruck von Rücksicht und Zurückhaltung. Auch wenn er gerade abermals bedauern muss, uns nicht als Optimist entgegentreten zu können, weil die Welt kaputt ist, hält er es mit Jean Paul: „Es wird uns allen sanft tun."

Händls Sätze konkurrieren nicht mit ihren berühmten Vorgängern, die uns die Welt zu erklären versuchten oder an ihr verzweifelten. „Sein oder Nichtsein" – das wären bei Händl zwei Fragen für drei Schauspieler. Aus diesen Stücken wird man keine sinnstiftenden Zitate herausfiltern können, und die große Metapher sucht man vergebens. Bei Händl zerfällt das Welträtsel in lauter kleine, einzelne Rätselhaftigkeiten. Es ist der Sog verwirrender Details, von dem diese Stücke leben, in denen das Beiläufige zum Ereignis wird.

Zum ersten Mal begegnete ich Klaus Händl in einem vegetarischen Restaurant, beim Stephansdom gleich um die Ecke. Die mittägliche Essenszeit war schon vorbei, das Lokal leer, und er saß an einem langen Tisch alleine. Ob ich zusammen mit ihm Selbstmord begehen wolle, fragte er, ohne mich zu kennen. Zu der Überraschung an sich kam, dass er die Frage erkennbar nicht stellte, um sich etwa als Künstler mit dem entsprechenden unglücklichen Bewusstsein ins rechte Licht zu rücken. Wie sich später zeigte, lag ihm immer alles Bedeutsamkeitsgehabe völlig fern. Auch dass er seinen Namen in zwei Versionen anbietet, hebt ihn aus dem Meer der selbstgewissen Ich-Sager heraus. Irgendwann im Laufe seines Lebens wird er vielleicht entscheiden, wo „Klaus" steht.

Immer wenn wir uns trafen, schrieb er alles mit, aber nicht nur bei mir. Er hatte einen Zug ins Graphomanische, im 3. Bezirk war ein Dachboden angemietet, auf dem er seine Notizen lagerte. Für den Außenstehenden war nicht zu erkennen, wie er diese Notizen jemals sichten und verwerten könnte. Aber in Bezug auf Händl bleibt man immer der Außenstehende, dem in diesem Fall der Dachboden als Zettels Albtraum erschien, für ihn aber in jener Zeit wohl die Voraussetzung seines Schreibens war.

Einmal begegnete ich ihm in einem großen Schlosshotel an der irischen Atlantikküste am Ende des Winters. Das Hotel war leer, Händl schrieb, und es begann langsam zu schneien. Dann tauchten befreundete Ehepaare aus Dublin auf, um mit Augenklappe und Ganovenverkleidung das „Murder Mystery Game" zu spielen. Für mich war es die eigentliche Begegnung mit Händl, in dieser Welt fast ohne Menschen, aber voller realer Gespenster. Mir war klar, dass das Numinose und Ungewisse seine Welt ausmachen und man ihn, wenn überhaupt, nur in seinen

Texten treffen kann, in dieser Grauzonen-Ästhetik des Verschwindens.

Weiß der traumatisierte Arzt ohne Grenzen in *(Wilde) Mann mit traurigen Augen*, der behauptet, in Beilbach seine Eltern besuchen zu müssen, dass sie tot sind? Sind sie tot? Lügt er? Warum will er überhaupt in dieses Kaff, wenn man inzwischen gar nicht mehr weiß, ob zum Namen noch ein Ort gehört? Hat Corinna in *Dunkel lockende Welt* nur ihr Auto oder doch sich selber an die Wand gefahren? Lebt sie überhaupt noch? Und was hat es mit dem kleinen Zeh auf sich, den sie in Leipzig zurückgelassen hat? Stammt er wirklich aus der Anatomie? Und was ist mit ihrem Freund los, und was mit der Mutter, die sich hinter wissenschaftlichen Tiraden aus der Botanik verbarrikadiert? Das Schöne ist, dass man glauben muss, der Dichter weiß es auch nicht. Wer weiß, wer weiß. Und wie leicht kann man sich täuschen.

Händls Theater begann mit zwei Monologen: *Ich ersehne die Alpen. So entstehen die Seen.* Da traten sie auf, Händls Garanten: die Berge und die Toten. Sie haben einen großen Vorteil: Sie schweigen. Sie sind die eigentlichen Lakoniker, nicht des Rätsels Lösung, sondern ein Teil von ihm. Das ist es, was Händl uns in den folgenden Stücken nahelegt: ein Teil des Rätsels zu werden. Erlöst von der Frage. Nix mehr mit Warum? und umadum. Der letzte Akt seiner Dramatik könnte „Das große Schweigen“ heißen. Das wird Händl sanft tun.

Im ersten Monolog von *Ich ersehne die Alpen. So entstehen die Seen* will eine Frau aus der Hitze des Tals hinauf in die eisigen Berge. Aber ihre Sätze scheinen über die Gletscher zurück ins Tal zu rutschen. Dann stirbt sie. Ist sie dann nicht plötzlich in den Alpen, zu denen die Toten gehören, verlässlich in ihrer Ruhe wie die Berge selber?

Im zweiten Monolog trägt Förster Bruno kleine Fichten an die Baumgrenze und stolpert über lauter Tote, festgefroren im ewigen Eis. In ihnen entdeckt er sein Freunde. Bruno: „Der Tod hat sicher seinen Reiz ... Was für ein Friede ... Was für ein stilles Glück, während die Sonne gemütlich verbrennt." Aber bevor bei seiner existenzialistischen Bergwacht Pathos aufkommen könnte oder der ersehnte große Satz, krabbeln stille Pointen bergauf. Bruno zum Toten: „Du bist zwar mein Freund. Ich aber lasse dich kalt." Oder: „Freunde, das Leben ist lebenswert", sagt er zu den Toten und schubst sie bergab: „Guten Rutsch, und tschüss! Man sieht sich."

Händl hat das Stück in Graz beim Festival „steirischer herbst" 2001 selber in einer riesigen Halle der Grazer TU uraufgeführt, wo sich schneeweiße Sitzreihen zum Gletscher auftürmten. Das Eis waren die Zuschauer, und unten im Hallenabgrund war das Tal der Tränen. Dort lagen im Schnee die Toten, still wie die Alpen, mit Anorak und Gletscherbrille. Zwischen den Sitzen führte eine Rinne talwärts, in der ebenfalls ein Toter lag, der, lange bevor fast zynisch ein Theatermond über der Eiswelt aufging, ins Tal gespült wurde, in Richtung Seen.

Händl ist ein literarischer Einzelgänger, und auch sein Theater braucht Solisten. Auf sie schreibt er zu: Schauspieler wie Bruno Cathomas oder Olivia Grigolli, die damals in Graz auftraten. Keine Virtuosen, sondern Künstler, die selber der Berg ruft, die nicht wohltemperiert vor sich hinleben, sondern etwas verstehen von Hitze und

Eis, von Alpen und Toten. Existenzialisten, wie sie das Theater nur noch selten hat.

In *(Wilde) Mann mit traurigen Augen* hat es eine Luft wie in den Stücken von Tennessee Williams, aber nicht diese schläfrige Hitze von damals, als sogar die Straßenbahnen noch Namen trugen wie *Desire*. Alles scheint im Nichts verschwunden: der Pass des Arztes ohne Grenzen, die Bevölkerung von Neumünster an der Lau, es gibt kein Wasser mehr, der letzte Zug scheint abgefahren, ein Zwillingspaar klammert sich an seine Erinnerung an eine intakte Welt, und durch ihre Schwester Hedy kommt noch einmal etwas Liebe auf – noch einmal und dann lang nicht mehr.

Die Hitze in Neumünster ist nicht mehr metaphorisch. Sie brütet auch keine Neurosen mehr aus wie bei Tennessee Williams. Händl sieht die Sonne verbrennen und die Umwelt kollabieren. Er pflegt eine liebevolle Beziehung zum Ungeheuerlichen, zu Katastrophen, Schmerz und Tod. Auch die Menschen in Neumünster, die sich noch am *Day after* belügen, bis sich keiner mehr auskennt, beobachtet er mit Freundlichkeit. Sie werden Wilde werden, plündern schon die leeren Supermärkte und jagen Katzen.

Händl sagt: „Ich habe eine Zeitlang an die Seele geglaubt. Aber mittlerweile glaube ich, dass wir ausgelöscht sind." Neumünster ist Endstation. Der nächste Ort an der Lau heißt Schweigen. Aus dieser Gewissheit kommt Händls Geduld mit der Rede.

Bevor Händl *Wilde* ... schrieb, hatte er Gregor Schneiders „Totes Haus Ur" gesehen (einen deutschen Beitrag für die Kunstbiennale 2001 in Venedig), ein Haus aus

Sackgassen und Falltüren, toten Winkeln und Zimmern, wie geschaffen für Neumünster. „Ur“ war nicht einfach ein Labyrinth, ein Albtraum oder ein Kafka-Haus, sondern ein Stück Architektur, das zeigte, wie es in uns aussieht, damit es dann so aussehen kann wie an der Lau, wo „Haus Ur“ sein Nachspiel hat, sein Endspiel vielleicht.

In Sebastian Nübling hatte Händl inzwischen seinen Regisseur gefunden, der *Wilde* ... als Koproduktion des „steirischen herbsts“ 2003 mit dem Schauspiel Hannover uraufführte. In der Kritik hieß es: „Während Händl Klaus mit seiner durchrhythmisierten Sprache vieles in der Schwebe lässt, verpasst Nübling dem Stück nach und nach einen Referenzrahmen ... Er legt Spuren und verwischt sie ... spielt mit Doppelungen und Andeutungen und erschafft so eine Atmosphäre irgendwo zwischen Kafka und Bataille. Klaustrophobisch, sexualisiert, ironisch ...“

Das Stück spielte zwischen Wänden aus fahlgrünen Schließfächern eines leeren Bahnhofs, die an die Kühlboxen der Anatomie erinnerten, und mündete in Posen für Familienfotos, als wären an der Lau noch Grillabende möglich. Aus einem Kofferradio tönte das Horst-Wessel-Lied. Sebastian Nübling ließ die Texte nicht im Surrealen verschwinden, sondern gab ihnen, wie die Kritik lobte, „historische Tiefenschärfe“, vor allem aber Körperlichkeit. Nübling ist der Regisseur, der Händls Texte erdet, der seine Rätsel löst. Er sorgt für Bodenkontakte, damit die Texte schweben können und Händls Hauptsache sichtbar werden kann, diese dunkel lockende Welt dahinter, zu der die Alpen und die Toten gehören.

Dunkel lockende Welt heißt Händls drittes Stück. Die Luft ist wieder „aufgeladen". Tiefdruck. Lindenblütenstaub macht die Luft in Leipzig für Joachim, den Pollen-Allergiker, schwer erträglich. Seine Mutter ist gestorben, sein Bruder hat sich nach einer Krebsdiagnose umgebracht. Das Haus, in dem Joachim eine Wohnung an die junge Ärztin Corinna und deren Freund vermietet hat, ist baufällig. In den Ecken liegt Schutt, es bricht alles auseinander, nur die Bücherwände geben noch Halt. Es ist ein Haus nach Neumünster-Art, und was darin gesprochen wird, scheint aus der schwülen Luft gegriffen. Weniges hält über drei Akte hin stand. Dies aber auf alle Fälle: Corinna ist zwar weit weg von den Alpen, aber dennoch in Kälte und Eis aufgewachsen, in Finnland, wo man die Wintergräber schon im Herbst aushebt, wenn die Erde noch weich ist und die Herbstzeitlosen blühen. In der Kälte „stocken die Tränen, auf einmal sind sie aus Eis. Du kannst sie aus den Augen reißen und wie kleine Pfeile in die Grube schmeißen, auf den Toten, den du liebst".

Das Stück sei „ein Triptychon der Liebe, die ihren Empfänger nicht erreicht, Fragmente einer Sprache der Entfernung", heißt es im Pressetext des Rowohlt-Verlags. Aber die großen Begriffe verwischen nur die Spuren zu Händls Texten. Wie leicht man sich täuschen kann! Alles zerfällt in der dunkel lockenden Welt. Mit dem Haus auch die Geschichten. (2006)

Eine Tendenz zum Kauz
Herr und Frau Schmidt, Gründer eines Jean-Paul-Museums

Was mich in meinem Leben am wenigsten interessierte, waren Leute mit Geld und Sportler. Mit beiden brachte ich die Schmidts in Verbindung. Ich wohnte damals, noch Schüler, im Bahnhofsviertel von Hof, fünf Menschen in drei Zimmern mit einer kleinen Küche, und in Sichtweite stand ein sehr viel schöneres Haus, eben keine Mietskaserne – das war der Wohnsitz der Schmidts, unten drin eine Filiale der Schmidt-Bank, an der sie, obwohl sie nur zufällig diesen Namen trugen, Anteile hielten.

Einer der Söhne war ein famoser Sportler, und weil ich schon damals sicher war, dass Sport dem Faschismus näher ist als meinen Vorstellungen vom Leben, worin ich mich viele Jahre später durch Elfriede Jelineks *Sportstück*, einem Lieblingsdrama, bestätigt fand, hatte ich, noch bevor ich sie wirklich kennenlernte, mit den Schmidts abgeschlossen. Somit auch mit Eberhard Schmidt, der vier Jahre älter ist als ich und den ich, obwohl in derselben Schule, dem Hofer Jean-Paul-Gymnasium, von denselben altfaschistischen Unpädagogen gedemütigt, gar nicht kennenlernte.

Später hörte ich etwas über ihn, das ich mit den Schmidts nie in Zusammenhang gebracht hätte: dass er sich in einem alternativen Buchladen, den er inzwischen in Hof betrieb, ganz unorthodox zur Wahl von Helmut Kohl zum Bundeskanzler geäußert habe. Er hatte sich noch in derselben Nacht einen Kondolenzkranz besorgt, ihn in die Auslage gestellt und darüber geschrieben: „Wir trauern um Deutschland." Darunter war ein Buch von Willy Brandt platziert: *Links und frei*. Das nennt man dann meinetwegen ruhig Sportsgeist, wenn man sich, um sein Unbehagen zu veröffentlichen, die betuchte Kundschaft vergrault.

Es gab damals auch eine von der lokalen Theaterkritik wenig geliebte Schauspielgruppe, das „theater k", deren Aufführungen ich mir bei Besuchen zuhause gerne anschaute. Auch der heutige Wiener Burgtheaterstar Markus Hering spielte damals mit. Und Eberhard Schmidt. In Dario Fos *Mama hat den besten Shit*.

Getroffen habe ich ihn erst vor ein paar Jahren, weil er im fränkischen Joditz, wo der Dichter Jean Paul als Pfarrerssohn seine glücklichsten Jahre verbrachte, das Jean-Paul-Museum eröffnet hatte, am hinteren Ende eines restaurierten Vierkanthofs mit Fachwerk, in einem damaligen Weberhäuschen, das dort steht, wo früher der Pfarrgarten war, Jean Paul das Lateinische studierte und der Vater seine Predigten vorbereitete. Neulich legte mir Eberhard Schmidt meine Eintragung von vor ein paar Jahren in sein Gästebuch vor: „Ich bin ein Opfer des Jean-Paul-Gymnasiums. Was müssen das für Leute sein, die sich mit diesem Autor beschäftigen." Eigentlich hätte es heißen müssen: „Was müssen das für Leute gewesen sein, die es wagten, diese Zuchtanstalt nach diesem Autor zu benennen."

Jean Paul war alles andere als ein Spießer und überhaupt kein Philister. In seiner Zeit ein Erfolgsautor, den

Frauen wie dem fränkischen Bier gleichermaßen zugetan. Von seiner *Erziehlehre* hätte man sich im Jean-Paul-Gymnasium viel abschauen können, um es besser zu machen. Als er zwei Jahre lang in Goethes und Schillers Weimar lebte, notierte er: „Schon nach drei Tagen in Weimar bin ich nicht mehr dumm, ich habe meine Achtung vor diesen großen Menschen verloren, selbst Goethe frisset entsetzlich."

Der fränkische Mensch, sofern er sich aus seiner Kartoffelklöße verschlingenden Umgebung und dieser Begabung zum Stumpfsinn im Winkel heraushebt, hat eine Tendenz zum Kauz, zum Original. Wie auch Jean Pauls berühmteste Figur, das Schulmeisterlein Maria Wutz, der sich in beschränkten Verhältnissen eine Art Idylle schuf, sich einfach auf sein Essen freute und gern in seinem Bett versank. „Schon vor dem Tode ruhete er sanft", schreibt Jean Paul, der bei größter Belesenheit das Genießen nicht vergaß und dem Bier in seinem Leben eine Vorrangstellung einräumte.

Auch Eberhard Schmidt ist kein Sektierer und betreibt seine Jean-Paul-Studien mit persönlicher Begeisterung, ein schlanker Mensch Anfang sechzig, der gern in roten Jeans auftritt, gradraus redet und eine schöne Geistesgegenwart verkörpert. Er zieht sich nicht in die Welt von Jean Paul zurück, sondern reist mit dem Dichter durchs Leben, und Joditz, wo er mit Freuden am Dorfleben teilnimmt, kehrt er immer wieder für ein paar Wochen den Rücken, weil ja zu jeder Landschaft, auch der fränkischen, ein Horizont gehört, der die Frage nach dem Was-liegt-dahinter? stellt.

Herr Schmidt lebt mit Frau Schmidt zusammen, Enkelin eines evangelischen Pfarrers, Tochter eines Landarztes, und die Mutter saß an der Orgel im nahen Regnitzlosau. Sie besuchte das Hofer Mädchen-Realgymnasium, das damals vulgo „Der Besenstall“ genannt wurde, kehrte nach journalistischen Versuchen bei der „Frankenpost“ dem Gewerbe, das sie als besonders anstrengend empfand, den Rücken.

Sie zeichnet ganz hervorragend, verfügt über gezeichnete Tagebücher und versteht durchaus, dass sich die meisten beim Entziffern von Jean Pauls Satzperioden heute schwertun. Sie hat es geschafft, ein harmonisches bürgerliches Weltbild mit einer Neugier auf alles andere zu verbinden. Nicht umsonst läutet schon ab und zu ein Besucher am Schmidtschen Anwesen, um dessen Bewohner kennenzulernen, nicht nur um etwas über Jean Paul zu erfahren oder den Christus in der Kirche gegenüber zu betrachten, der dem Pfarrer sein nacktes Hinterteil zeigt.

Natürlich blieb auch Eberhard Schmidt schon als Buchhändler nicht von den alltäglichen Banalitäten verschont. Als er damals die Broschüre *Lieber krank feiern als gesund schuften* verkaufen wollte, musste er 300 Deutsche Mark an die Förderer des damaligen Hofer Kleinzoos zahlen und ebensoviel an diverse Schulen. Schnell erregte er durch sein Engagement, wenn er auch zu Veranstaltungen einlud, den Zorn der Behörden: „Geschäftlicher Verkehr mit den Kunden ist dann gegeben, wenn eine Verkaufstätigkeit in der Verkaufsstelle stattfindet.“ Also kein Buchverkauf nach Ladenschluss.

Er war bei den Anti-Atomkraftprotesten im oberpfälzischen Wackersdorf dabei, wie wir alle, und wurde mit Tränengas beschossen und von Hubschraubern aus gefilmt, in Zeiten der Berufsverbote, in Franz-Josef-Strauß-

Zeiten, und bei den Ostermärschen der „Friedensgruppe Hof". Das ist inzwischen der Stoff, aus dem die Veteranenschnurren der Altfreaks sind, aber er hat sich dem allem wohl immer durch die Einsicht in die Notwendigkeit unterzogen, genauso wie er es zu Recht als Notwendigkeit empfindet, einen so wesentlichen Dichter wie Jean Paul zu verstehen, wenn wir Mitteleuropa bleiben wollen.

Im Gästebuch des Museums finden sich allerdings Grußadressen an den wohl schwer auszusprechenden „Schoo Paul" und im Archiv Pennälerarbeiten, die behaupten, dass er, der eigentlich Johann Paul Friedrich Richter hieß, sich sein Pseudonym von Jean-Paul Sartre abgeschaut habe. Immerhin hat man versucht, sich Jean Paul zu erklären.

Als Jean-Paul-Aktion hat Eberhard Schmidt, stets zu feinen Pointen aufgelegt, auch eine neue Schmidt-Bank eingeweiht: eine hölzerne Bank zum Rasten auf dem Weg von der nahen Fattigsmühle nach Joditz, inzwischen das Mekka der Jean-Paulianer.

Im Museum finden sich Originalausgaben, Übersetzungen und kuriose Überraschungen: Schriften, die man zur Zeit in Deutschland eher schwer bekommen kann, sind auf japanisch, zum Beispiel, sofort verfügbar. An Devotionalien mangelt es Gott sei Dank, schließlich sind die Ohrensessel und Schränke des Meisters nicht gesammelt worden. Was das Museum ausmacht, ist der Ort, der Originalschauplatz, die Atmosphäre des fränkischen Winkels. Das Jean-Paul-Museum ist kein Grüner Hügel, auf dem man im nahen Bayreuth Richard Wagner huldigt, sondern ein lebendiger und geselliger Platz mit freundlichen Gastgebern. (2009)

Die größte Kunst ist, ein Leben zu führen

Eine Huldigung an Richard Blank

Als mich Richard Blank, Filmemacher und Autor, zum ersten Mal besuchte, Ende der siebziger Jahre, damals noch in München, um über eine neue „Literarische Filmerzählung" zu sprechen, eine Reihe, für die er, nachhaltig unterstützt vom Bayerischen Rundfunk, sein Autoren-Fernsehkino hauptsächlich gestaltete, war gerade eine exzentrische Schauspielerin aus der Clique um den Filmregisseur Werner Schroeter bei mir zu Gast, die sich Carla Aulaulu nannte und mir ins Ohr raunte, dass ich mich vorsehen sollte: „Mit dem stimmt was nicht."

Sie hatte Blank aus einem roten Mercedes aussteigen sehen, Stretchversion. So eine Limousine zu fahren, bedeutete damals in linken oder sich zur Avantgarde zählenden Kreisen ein Todesurteil, was Blank aber nicht störte, weil er niemals vorhatte, sich in den angesagten VW-Bus zu klemmen, um seine fünf Kinder zu transportieren, zusammen mit seiner Frau, die auch nicht das Zeug zu einer alternativen Socke hatte. Die Blanks handelten frei und unangepasst an die Zeit der Weltverbesserer. Sie waren weder prinzipiell „anti", noch pflegten sie Kontakte zur Münchner Schickeria, was der Lebensqualität der Großfamilie und ihrem aufgeklärten, von keinen Gruppen eingeschränkten Verhalten ganz und gar nicht schadete.

Blank, bei Ernesto Grassi in Philosophie promoviert, Pfeifenraucher, Bartträger und, was seine Arbeit angeht, Methodiker, lebt noch heute in einem Münchener Nobelvorort, hat einen zweiten Wohnsitz in den Bergen nordöstlich von San Remo und eine Wohnung in Venedig. Seine Familie ist groß, seine Swimmingpools sind beheizt, und seine offenen Kamine verführten immer zu langen abendlichen Gesprächen. Er lebt in solidem Wohlstand und hat sich abgesichert gegen das, was man eine Künstlerexistenz nennt. In einem Brief an eine Schauspielerin schrieb er: „Die Kunst an sich ist ohne Wert. Das Einzige, was wir haben, ist das alltägliche Leben und die Gewissheit, dass es unzureichend ist. Der Mangel hält uns an der Arbeit. Künstlerische Produkte sind Mängelanzeigen.“ Im Paradies, meint Blank, werden sehr wahrscheinlich keine Filme gedreht.

Er wuchs als Sohn eines Industriemanagers auf, der die größte Futterstoffweberei Deutschlands in Langenfeld bei Düsseldorf leitete. Die Mutter war Hausfrau und zog ihn samt Bruder und Schwester groß. Seine Kindheit und Jugend in den vierziger und fünfziger Jahren sei halb feudal, halb proletarisch verlaufen. Einerseits der Lärm der Webstühle und Freunde in der Arbeiterschaft, andererseits sein Zuhause, wo man damals auch Hühner, Gänse, Tauben und ein Schwein hielt. Bevor er zur Schule ging, molk er zwei Schafe, was ihn vermutlich später zu seinem Film *Das Hausschaf* veranlasste.

Manchmal fuhr die Familie nach Berlin ins Theater, und Paul Schultes, sein späterer Schwager, bereitete eine dann sehr beachtete Arbeit über das Theater des Expressionismus vor und wurde Hörspielchef im WDR. Es herrschte schon in den fünfziger Jahren eine offene Streitkultur in der Familie, weit entfernt von Unterdrückung, und wenn ich ihm sage, ich würde später auf der Rasenbank vor dem Elterngrab noch einmal Horkheimers *Autorität und Familie* lesen wollen, muss er lachen.

Er hat viel aus seiner glücklichen Kindheit in sein späteres Leben übernommen, das Unprätentiöse, einen genussfreudigen Humanismus, den Frohsinn des Rheinländers und einen milden Katholizismus, in dem Gott weiß, dass jeder Jeck halt anders ist. Bloß kein Kunstpathos und keine Befindlichkeitsdebatten. Einmal hörte ich ihn zu einer Schauspielerin sagen: „Vielleicht ist es wichtiger, dass Ihr Kleid zum Stuhl passt als Ihr Seelenleben zu Rolle."

Die Begegnungen mit Blank blieben überraschend. Einmal traf ich ihn in den Anden, wo er mit einheimischen Jungfilmern und Studenten oberhalb der ecuadorianischen Hauptstadt Quito zwischen jeweils zwei Sandstürmen unter sengender Sonne Szenen über das Leben eines alten Freudenmädchens drehte, das aus einem gottverlassenen Dorf vertrieben wird. Sie pflegte den alten Stil, die großen Gesten, die Kunst der schönen Lüge und erinnerte an die „Vögelinnen" in den Romanen von Gabriel García Márquez. Wenn man jammerte über die 3.000 Meter Seehöhe und die ausbrechende Cholera, sagte Blank „Dat wird noch, wirst sehen", und im Weggehen brabbelte er auf Kölsch: „Leck mir die Täsch."

Oder er holte mich vom Flughafen in Genua ab und brachte mich nach Vasia, wo er an seinem zweiten Wohnsitz ein traditionelles Passionsspiel wieder zum Leben erweckte, einen barocken Text aus dem 17. Jahrhundert, mündlich überliefert und gereimt, auf dem höchsten Platz des Bergkaffs mit seinen am Steilhang wie hingetuscht eng nebeneinander klebenden Häuschen, direkt vor der Dorfkirche mit einem Campanile aus Naturstein. Aber nie hätte er daran gedacht, und dies ganz im Sinn der Dorfbewohner, aus dem Karfreitagsspiel eine Touristenattraktion zu machen. Es gibt keinen einzigen Herrgottsschnitzer in Vasia, und Oberammergau ist glückvoll weit entfernt.

Er hat in seinen Fernsehfilmen immer wieder den Untergang der bürgerlichen Welt gezeigt, indem er ihr die Staffage entzog. In seinem Film *Die Heiratsschwindlerin* ist der Himmel schwarz wie die Nacht, und die Erde sieht aus wie ein Müllberg, am Horizont flackern kleine Feuer. Eine Filmschönheit mit Stöckelschuhen und einem Hut wie für ein Pferderennen in Ascot trippelt über den Müll auf einen Mann zu. „Siehst Du den Mond?", fragt sie. Sie ist noch fremd unter dem verkohlten, mondlosen Himmel. Blank zeigte die bürgerliche Welt auf der Streckbank. Am Kopf zieht da das 19. Jahrhundert, an den Füßen das 21.

Mondsüchtige ohne Mond, Stöckelschuhe ohne Asphalt, Hüte ohne Ascot, Burgen ohne Grafen – alles Katastrophen. In *Fridolin*, wo der GAU zum Konversationsstück wird, gibt es gerade noch einen, zu dem eine schon von malignen Hautausschlägen gezeichnete Frau sagt: „Die Welt war, mit Verlaub gesagt." Und Graf Paten zu Schladen antwortet: „Nicht unbedingt, I wouldn't say, wir wollen nicht verzagen." Und kracht mit einem Bein im maroden Boden ein. Solche Szenen sehen heute fast prophetisch aus. Politische Hauptstadtgespräche, wenn nicht über die Welt, dann über Europa.

Auch mit seinen Schauspielern verfuhr Blank immer familiär, lud sie nach München ein, damit man sich kennenlernt. Katharina Thalbach, Bernhard Wicki oder Hannelore Schroth, deren Ufa-Stern längst untergegangen war und die er zu ihrer Berufung zurückholte.

Sein wichtigster Film ist *Prinzenbad*, der, das Finale ausgenommen, nur in den berühmten Bädern des Budapester Hotels Gellert spielt. Die Männer haben sich weiße Leinentücher wie Lendenschurze umgebunden, und es ist, als sei mit den Frauen die Schönheit aus dem Bad verbannt. Aufgeblähte Bierbäuche, runzlige Haut, aufgedunsene Gesichter, unter ihnen Ulrich Wildgruber und Wicki als Bademeister. Wie ein Haufen unansehnliches weißes Fleisch wälzt sich diese Männerwelt durch das Bad und schwappt ins Wasser. „So sind wir, und so sehen wir aus", sagte Blank, die Männer seien nun mal nicht die Krone der Schöpfung. Über Geschichten verfügen diese Komparsen der Neuzeit auch nicht mehr. Lächerliche Machtspiele, miese Geschäfte, dumme Affären – das ist der Rest ihres Lebens.

Man hat diese kalte, künstliche Welt und die gesamte Konstruktion mit Arbeiten von Peter Greenaway verglichen. Man sieht einem Untergang zu. Diesen Männern steht das Wasser bis zum Hals, und von den Helden von einst bleiben Fratzengesichter übrig, die einen durch die trüben Nebelschwaden der Dampfbäder angrinsen: Faune, Rumpelstilzchen, Alberiche. Aber verraten wurden sie nicht. Jecken des Untergangs.

Auch als über Blanks Leben tiefe Finsternis kam und sein jüngster, zum Schreiben und Filmen begabter Sohn, der posthum für einen Kurzfilm den Publikumspreis der Festspiele von Venedig erhielt, nach einem Sportunfall plötzlich verstarb, blieb Blank an Deck seines Lebensdampfers, zusammen mit den Kindern, Freunden und seiner wunderbaren, selbstbestimmten, gescheiten, unangepassten, dem Gefühlsleben der Menschen nicht ausweichenden Frau. Die Blanks hatten die menschlichen Werte nicht gegen Ideologien vertauscht, keinem Größenwahn anheimgegeben und wirkten in Zeiten, als der Fortschritt darüber hinwegging, ein bisschen altmodisch. Jetzt weisen sie eher in die Zukunft, auch deshalb, weil Richard Blank sich während der inzwischen untergegangenen Protestkultur nicht mit Anklagen aufhielt, sondern Lösungen suchte. Im Konkreten. Er folgte wohl einem Fellini zugeschriebenen Diktum: „Wer nur etwas von Film versteht, versteht auch davon nichts."

Auch die Untergeher seiner Filme ließ er nicht ruhmlos fallen. Da gibt es eben so ein Wertewort, man wagt es kaum zu sagen, so verkitscht und verraten wurde es. Es heißt Liebe und kann das Verlorene weiterleben lassen. Denn sonst, erklärte mir Blank, mit dem ich längst befreundet bin, „bleibt nur ein großes Loch". Weil es eben nicht stimme, dass die Zeit die Wunden heilt.

Er schreibt jetzt Bücher, ist siebzig geworden wie ein anderer fünfzig und beherrscht das Metier überraschend gut. Ein Buch handelt von Schauspieler-Ausbildung und ist eine plausible Polemik gegen die Strasberg-Schule, ein marodes Modell der Innerlichkeit. Über Licht im Film gibt es nur Regelbücher und Vorschriften, aber keine historisch-kritische Auseinandersetzung. Er hat sie geschrieben. „Das geht doch nicht an“, sagt Blank, „dass man alten Reglementierungen folgt, denn wie du Licht machst, so siehst du die Welt.“ Ein drittes Buch, alle im Berliner Alexander Verlag erschienen, befasst sich mit Drehbüchern und bekämpft die klassischen Story-Schemata, das Elend heutigen Filmemachens. Der Untergang im Gewusst-wie. Ich kann Blank auch bis dahin folgen, weil ich mir immer sicher war, sobald ein Schreibender weiß, wie es geht, sollte er Rosen züchten. Manchmal sagte ich Blank: „Du hast ja aber ein ganz anderes Leben.“ Dann antwortete er: „Jedes Leben ist anders.“

Rückblickend muss ich sagen, dass die Blanks mehr ins Heute und für morgen gerettet haben als so mancher Kunst-Egomane. Denn die größte Kunst ist es, man kann es nicht oft genug betonen, ein Leben zu führen. Natürlich brauchen wir einen neuen künstlerischen Wahnsinn, eine Antwort auf das herrschende Mittelmaß. Ein Weg, der noch zu finden ist. Bloß kein Gratisoptimismus, aber, wenn möglich, das alte Trotzdem. Trotz der Gewissheit: „Wenn du willst, dass Gott lacht, erzähle ihm deine Pläne für morgen.“ (2011)

Diese offenbar angeborene Zurückhaltung

Roland Kenda, Schauspieler und Privatgelehrter

Als ich ihm zum ersten Mal begegnete, das ist schon über zwanzig Jahre her, damals am Wiener Schauspielhaus, kam er mir mit seinen etwas wirren, später weißen und noch wirreren Haaren und seinem sanften Lächeln, das mir als ein Zeichen von Weisheit erschien, wie der Prototyp eines Altphilologen vor, der, abseits vom banalen Lauf der Welt, vielleicht in einer Gelehrtenstadt wie Tübingen, seinen Homer studiert hatte und den anderen nachsichtig zusah, wie sie sich an den Alltag verschwendeten.

Aber er war Schauspieler und, wie sich bei den Proben herausstellte, eigentlich auch ein genialer Dramaturg. Seine offenbar angeborene Bescheidenheit und diese Zurückhaltung ließen im Marktgeschrei des Theaters manchen leisen, aber wesentlichen Hinweis seinerseits bisweilen untergehen. Künstlerpathos lag ihm immer fern, und wenn einer fragte, was Theater denn überhaupt sei, antwortete er: „Die Illusion des sinnvollen Dialogs." In Talkshows und im richtigen Leben dominiere das Geschwätz, während das Gespräch in den Repertoirestücken überraschenderweise funktioniere. Solchen Erkenntnissen schickte er gewöhnlich ein Lächeln hinterher.

Seine Mutter stammte aus Schneidermühl im heutigen Polen, jetzt Piła, ein Ort der Holzindustrie, umgeben von Wäldern. Als Polen 1971 seine Grenzen auch für Individualreisende öffnete, setzte er sich in seinen R4 und fuhr hin. Wo ehemals das Haus stand, war nur noch ein Bombentrichter. Aber mittendrin blühte eine einsame Tomatenpflanze. Vielleicht wurde sie ihm zu einem Begriff des Schönen, schließlich hatte er die Kruditát der Existenz als Kriegskind durchlebt.

Sein Vater stammte aus Kärnten, ein überzeugter Nazi und späterer SS-ler, der als junger Mann schon 1934 beim Dollfußputsch dabei war, aus Österreich ausgewiesen wurde und nach Deutschland ging. Seine ersten vier Jahre verbrachte Roland Kenda, Jahrgang 1941, an der Ostsee, in einem Kaff, das tatsächlich Nest heißt und wo der Vater technischer Direktor des Wasserflughafens war. Kurz vor Ende des Krieges wurde die Familie mit anderen auf die Insel Hiddensee evakuiert, fand sich dann auf offenem Meer wieder und erreichte den Hafen von Stettin, wo aufgebrachte Polen die Flüchtlinge verprügelten.

Kenda konnte sich aber zwischen den Beinen der Erwachsenen davonmachen, erreichte nach zehntägiger Wanderung mit einem kleinen Leiterwagen, auf dem sich die letzte Habe befand, Berlin und landete schließlich im hessischen Friedberg. Mutter, Sohn und Tochter samt Großeltern. Der Vater versteckte sich bei Gesinnungsgenossen in Österreich.

Auch Kendas Onkel väterlicherseits war SS-ler, machte eine große Karriere in der westdeutschen Nachkriegswirtschaft und starb vermögend und hochbetagt in Bad Godesberg bei Bonn. Einmal pro Jahr fuhr er ins österreichische Burgenland zu einem Wirt bei Oberwart, wo sich die SS-ler trafen, und bei seinen Godesberger Partys holten alle ihre alten Abzeichen raus und steckten sie sich ans Revers. Das war noch in der siebziger Jahren so. Auch sein Onkel mütterlicherseits war Antisemit, obwohl ansonsten ein gepflegter Mann mit humanistischer Bildung, der seine Klassiker auswendig konnte, fallweise auch auf Lateinisch, weshalb der junge Kenda ihm erst spät auf die Schliche kam.

Aber Kenda hatte schon in Friedberg seine Naivität verloren. Dort hatten die Amerikaner *barracks*, und Elvis Presley, der seinen Militärdienst ableistete, fuhr täglich in seinem weißen BMW von seiner Wohnung zu den Kasernen an ihm vorbei. Holzbaracken waren es, in denen Kenda mit seiner Familie die ersten sechs Jahre wohnte, die Mutter Stenotypistin bei den Amerikanern. Im vom braunen Rassenwahn leergefegten Judenviertel der Stadt öffneten Wein- und Bierlokale, die von den amerikanischen Soldaten besucht wurden. Alles streng rassistisch aufgeteilt: Lokale für Weiße, andere Lokale für Farbige. Der Rassismus der Demokraten im toten Judenviertel. Das musste einem jungen Menschen zu denken geben.

Noch Schüler, wurde er infolge eines rheumatischen Fiebers herzkrank, lag ein halbes Jahr im Bett, ließ sich von seiner Großmutter aus einem Kiosk, der auch Bücher hatte, alles Lesbare bringen. Von Ganghofer bis Mickey Spillane. Es war immer dieses *Make the most of it*, was ihn antrieb. Im Kino sah er alle Ufa-Filme und am Schluss auch Ruth Leuwerik vor lauter Sauberkeit weinen. So wurde ihm die Fiktion zur Alternative, und, zum 68er zu alt, schuf er sich einen privatphilosophischen Standpunkt. Selbstbeobachtung und Distanz als das Wesentlichste. Auch wenn er über sein eigenes Leben spricht, erzählt er wie ein Historiker, aber immer voller Begeisterung.

Es ist diese betrachtende Lebensweise, die Kenda groß macht. Seine Antwort auf unsere hysterische Ich-Bezogenheit, die zu den Phänomenen der Psychopathologie gehört. Auch konnten ihn Geld und Besitz nie verführen: „Wenn man Besitz hat, muss man ihn bewachen. Das könnte man schon bei Wagners *Ring des Nibelungen* lernen. Die Drachen Fafner und Fasolt bewachen den Schatz. Sie können sich überhaupt nicht mehr bewegen. Sie verarmen im Angesicht des Goldes."

Zum Theater fühlte er sich hingezogen, weil er damals noch glaubte, dass es eine Bastion sei, die ihn vor der bürgerlichen Verlogenheit schützen könnte. Er spielte schon in Friedberg in der Theatergruppe seines Gymnasiums und gastierte im nahen Bad Naumburg, wo Dieter Wedel, heute gefeierter Fernsehregisseur, damals Student in Berlin, in den Semesterferien Laientheater machte.

Kenda bestand die Aufnahmeprüfung an der Frankfurter Schauspielschule und begann in Dortmund sein erstes Engagement: „In 220 Aufführungen pro Spielzeit überzeugt", sagt er und lacht. Mit dem Mannheimer Theater trat er dann auch in China auf und spielte in dem kritischen Volksstück *Der Bockerer* Hitler. Für die Chinesen war das die Sensation, schon weil es zu ihrem Verhaltenskodex gehört, leise zu sprechen und nicht ständig herumzubrüllen.

Er genoss sein Theaterleben, das noch etwas von der alten Bohème bot, die Kantine noch als Künstlertreff, Mansardenzimmer über der Stammkneipe. Seine Freundinnen waren selten Schauspielerinnen: „Kommt ein Regisseur vorbei und bietet ihnen was, sind sie weg", sagt Kenda, der langsam spürte, dass im Theater der Verrat zu Hause ist. Trotzdem hat man sich damals der Bühne noch intensivst gewidmet. Was bisweilen schon etwas Zölibatäres hatte.

Sein Lieblingsphilosoph ist Epikur: „Der Mensch verlässt die Erde so, als ob er sie gerade erst betreten hätte." Von wegen Altersweisheit. Und als Kommentar zu unseren Gesprächen ein weiteres Zitat: „Bei einem geistigen Treffen gewinnt der Unterlegene, insofern er nämlich dazulernt." Für ihn beginne bei Epikur die Dialektik. Insgesamt werde der Mensch aber nicht klüger. „Man hat das Leben nicht im Griff", resümiert Kenda.

Seine Familie väterlicherseits stammt aus dem slowenischen Isonzotal. „Auf dem Friedhof steht auf jedem zweiten Grabstein Kenda", sagt er. Seinen Vater habe er nach seiner frühen Kindheit kaum noch gesehen, außerdem sei er bald ganz furchtbar an Krebs erkrankt und gestorben. Ein Urteil über ihn habe er sich nicht angemaßt. Schließlich wisse er nichts darüber, wie er als junger Mann unter welchen Umständen in wessen Fänge kam, um so furchtbare Fehlentscheidungen zu treffen. Die üblichen Rachebücher der Söhne an den Vätern sagten ihm wenig.

Seit 1989 ist er am Wiener Burgtheater engagiert, ist verheiratet und lebt am Stadtrand zusammen mit einem Sohn aus einer anderen Verbindung. Johnnys Mutter war schwer depressiv, musste sich dem psychiatrischen Komplex überlassen, und es dauerte lange Zeit, bis Kenda seinen Sohn zu sich holen konnte. Rollenangebote hat er in jener Zeit gerne abgeschlagen. Aber weder Operationen noch solche Fährnisse kosteten ihm sein Lächeln. Er betrachtet das Leben wohl als Geschenk und weiß, dass man ihm dafür eine einzige Bitte erfüllen muss: Man muss ihm einen Sinn geben.

Roland Kenda lebt gern in Wien, auch als Schauspieler. Es sei die einzige Stadt, in der man auch misslungene Produktionen über Monate vor vollem Haus spielen kann, sagt er. Weil die Wiener gern anderen beim Scheitern zuschauen. Unlängst stieg er aus Proben des Burgchefs aus, weil sich sein krankes Herz meldete und womöglich auch aus weiteren Gründen, worauf sein Zusatzvertrag zur Rente gestrichen wurde. Die hochsubventionierten Bühnen mit ihren ein- und ausfliegenden Stars verhalten sich inzwischen nach dem Muster der Entertainment-Industrie. Früher fühlte man sich offenbar frei, wenn man ein Theater betrat. Heute fühlt man sich frei, wenn man es verlässt. Kenda ist nicht böse und studiert zur Zeit gerade frühe Westernfilme.

Neulich kam Roland Kenda bei mir mit einer Dose Sardinen aus der Bretagne vorbei. Er wisse sogar, wie sie gefischt werden, auf schwankenden kleinen Booten vor der Felsenküste. Sie seien mit dem Mittelmaß des Mittelmeers verglichen riesig. Er ist ein Gourmet, der kein Nobelrestaurant braucht, weil er selbst Gespür für das Besondere hat.

Jedes Jahr erscheinen zahllose, oft von Ghostwritern verfasste Künstlerbiografien, großmäulig und verlogen.

Neulich erzählte ein Verleger über einen dieser Kandidaten, er habe ihm gegenüber geäußert, dass er irgendwann einmal auch die Wahrheit sagen wolle – sobald er es sich leisten könne. Kenda hat keine Oscars zu bieten, keine spektakulären Affären und Scheidungen. Auch von unserem sinnlosen Verhältnis zur Geschwindigkeit hält er nichts. „Die verstehen doch gar nichts davon, weil sie kein Gefühl dafür haben, dass wir durch das Universum fliegen wie auf einer abgeschossenen Gewehrkugel."

Kenda ist ein stiller Denker und ein Theatermensch, der seine Skrupel nie zu Gunsten einer großen Karriere über Bord gehen ließ. Menschen wie er haben statt Prominenz etwas Beispielgebendes. Ihnen gebühren die großen Auftritte und die Lebenserinnerungen, weil sie der Rettungsschirm unserer Kultur sind. (2011)

Nur wer sich Freiheiten nimmt, bekommt sie auch

Eine fränkische Szene mit Uschi

Der Tag, an dem ich Uschi traf, war ein ganz normaler Tag. Sie erschien im „Trompeter", einem alten Wirtshaus in der fränkischen Kleinstadt Hof, wo sich eine ältere Männergesellschaft zum Trinken versammelt, es aber einen Nebenraum gibt, in dem man damals noch rauchen durfte, weshalb er mir zum Schreiben geeignet schien. Außerdem ist die aus Görlitz stammende, selbst auch rauchende Wirtin eine Weltmeisterin im Busseln und Bemuttern, die, kaum habe ich den „Trompeter" betreten, in ihren wallenden Gewändern zu ihrem Wurlitzer geht und für mich Stefan Remmlers „Vogel der Nacht" auflegt, der zum Mond hinauffliegt, um von dort aus herauszufinden, wo die verlorene Liebste des Sängers jetzt wohnt und ihr seine Nachricht überbringen soll: „Ich bin allein." Dort wurde ich, umgeben von Bierdunst und lebenserhaltendem Kitsch, zum ersten Mal auf Uschi aufmerksam.

Woher sie kam, schien mir rasch beantwortet: aus den sechziger Jahren, das zeigten ihre hochtoupierten, blondierten Haare, wie man sie heute nicht mehr trägt. Ihr raffiniertes Outfit in Knallrot und dazu das Louis-Vuitton-Täschchen überschritten die braven Geschmacksgrenzen einer Provinzstadt für eine Frau über fünfzig fast offensiv. Außerdem schien ihre Modelfigur für einen Landstrich, in dem man sich mit wunderbaren Kartoffelklößen vollstopft, für ihr Alter fast unwahrscheinlich. Es war später Vormittag, sie verlor ein paar Worte an ihre Umgebung, trank ein Bier, einen kleinen Schnaps, rauchte und verschwand.

Im „Konrad Zelt“ traf ich sie wieder. Das ist ein anderes altes Wirtshaus der Stadt gegenüber dem Rathaus und neben einer Wurstbraterei in einer Straße aus vornehmlich renovierten Biedermeierhäusern. Nur das „Konrad Zelt“ wartet direkt neben der großen Michaeliskirche, an der vorbei der Weg zum Marktplatz führt, auf dem zweimal pro Woche Bauern der Gegend ihre Ernte verkaufen, Fische geräuchert und samstags Weißwürste zum vormittäglichen Verzehr angeboten werden, auf eine längst fällige Baumaßnahme.

Im Eingangsgewölbe steht neben der stets offenen Haustür ein langer Tisch mit Bank, Kissen und Topfpflanzen für einen kurzen Stopp, und im Wirtshaus selber sind bekannte Plätze der Stadt an die Wand gemalt. Vom Jugendstilschlösschen im Stadtpark bis zum Bismarckturm und der Kirche nebenan. Das Wirthaus stand als Starktrinkerkaschemme in üblem Ruf. Anno 1518 sollen an einem Montag nach „Maria Offenbarung“ im November an dieser Stelle bei einer Hochzeit fünf Ratsherren mitsamt dem Bürgermeister vergiftet worden sein.

Aber Uli, der Wirt, reißt die Gaststätte aus den dunklen Zeiten. Er kocht gut und preiswert, und seine Currywurst übertrifft die berühmte Berliner Konnopke-Version schon wegen der Hofer Wurstqualität, für die

Metzger Schiller schräg gegenüber sorgt, bei weitem. Zu seinen Stammgästen gehören mittlerweile auch der Zahnarzt, der Regierungsdirektor, ein Rittmeister aus Tirol, ein pensionierter Hauptkommissar oder der Exportmann der in Hof ansässigen Viessmann-Werke, der auch Heimatforschung betreibt und im mittelalterlichen Outfit Stadtführungen macht. Es kommen auch schon mal jüngere Leute, aber alle Gäste sind in der Regel männlich. Bis auf Uschi.

Warum kommt sie hierher, in Gelb, Blau oder Pink, trinkt ein oder auch zwei Bier, einen oder auch zwei Schnäpse, raucht, lässt ein paar Worte fallen und steigt dann an der Haltestelle gegenüber in einen Stadtbus ein, der sie nach Hause bringt, in eine spießige Mietshaussiedlung am Breiten Rasen, in die sie hineinpasst wie die Faust aufs Auge, um dann den Fernseher einzuschalten und bestimmt keine Klöße zu kochen, schon um sich diese Figur zu erhalten mit, wie sie später erzählen wird, inzwischen 73 Jahren. Bis heute hat sie noch für Kleiderkataloge gemodelt, also von dieser Männergesellschaft will sie bestimmt nichts.

Sie ist in der Hofer Gastronomie aufgewachsen, im Arbeiterviertel hinter den Backsteinfabriken mit den lärmenden Webstühlen, wo sich die herrlichsten Wirtshäuser befanden, die „Wolfsschlucht", die „Bleibe" oder die „Bürgerruh", die ihre Mutter betrieb, die bisweilen im „Felsenkeller" zur Zither sang. Sie arbeitete mit ihrer Schwester in der Hausschuhfabrik Hofmann, half in der Mittagspause ihrer Mutter beim Tellerspülen und abends beim Bedienen in der vollen Wirtschaft. Die Arbeit war ihr, noch jung, nie zuviel.

In der „Bürgerruh“ verkehrten auch GIs. Einen heiratete sie und ging mit ihm nach San Francisco. Als er nach zehn Jahren früh verstarb, kam sie zurück, konnte nach lauter Burgern und Steaks die Klöße nicht mehr vertragen, wurde selbst Gastronomin in der Gaststätte „Rädlein“, lernte einen höheren Beamten von der Münchner Universitätsverwaltung kennen, zog mit ihm in die Bayernmetropole und sitzt nun nach seinem und ihrer Mutter Tod am Breiten Rasen, ab und zu besucht von ihrem Sohn mit Porsche und der herzkranken Schwester. „Das hätte ich mir doch nie gedacht“, sagt sie, „aber so geht das Leben, mein Lieber. Jetzt sitze ich wieder in Hof.“

Warum sie diese Kneipen besucht, wurde allmählich klar. Diese Gastronomie von damals, in der sie aufwuchs, ist ja ein Stück Heimat, die ihr die Provinzstadt selber nicht mehr sein kann. Wobei in unserer vollkommen angepassten Gesellschaft Provinz eigentlich gar nicht mehr auffällt. Doch das alles kümmert diese sehr besondere Frau sowieso nicht. Schön, stolz und diszipliniert geht sie ihren Weg auch durch diese Zeiten und zeigt: Nur wer sich Freiheiten nimmt, bekommt sie auch.

Ulrich Herpich, der „Konrad Zelt“-Wirt, ist in Neila als Sohn eines Architekten aufgewachsen, in einer kleinen Stadt, die als Tor zum Frankenwald gilt, einem Mittelgebirge zwischen Thüringer Wald und Fichtelgebirge. Er hat zwei Söhne und eine Tochter, die ihn im Wirtshaus halbtags unterstützt. Auch dieser Wirt ist ein innerlich unabhängiger Mensch, der offen über seine Krisen und Fehler redet. Nach jahrelanger Arbeitslosigkeit, Scheidung und weiteren Tiefschlägen hatte er sich zum Freitod entschlossen, wurde gerettet und kam in die Nervenklinik der Gegend, die der außergewöhnliche Dr. Franz leitet, von allen liebevoll „Nerven-Franz“ genannt.

Jetzt leitet Uli mit großer Liebe sein Gasthaus, zum Vorteil seiner Frankenwälder Brauerei, die ihre Braurechte seit 1464 besitzt, kartelt mit seinen Gästen und ist hilfreich, wo er kann. Uli trägt seinen Bierbauch wie ein landsmannschaftliches Bekenntnis, weil es in dieser Gegend heißt, ein Mann ohne Bauch sei ein Krüppel. Und weil Franken nicht am Meer liegt, dem seine Sehnsucht gilt, verschwindet er, wenn Zeit und Geld es erlauben, an die Ostsee. Betrachtet man Ulrich Herpich, denkt man automatisch, dass die Städte stets im Trüben fischen, wenn sie nach ihren immer elend angepassten Ehrenbürgern suchen.

Unter diesen Männern in der Kneipe Uschi sitzen zu sehen ist ein ganz besonderes Vergnügen. Sie umgibt dann so ein leichter Hauch von Melancholie, wie einen Menschen, der den Traumschiffen beim Ablegen zuschaut. Aber schnell ist sie wieder ganz straight, und die ironische Strenge der Wirtstochter bringt einen in die Realität zurück. Neulich kam Uli mit zwei riesigen Tüten Steinpilzen aus dem Frankenwald, die er samt Semmelknödeln zu Spottpreisen für seine Stammgäste zubereitet. Dann ist das „Konrad Zelt“ fast schon ein Gourmet-Restaurant, wo man allerdings auch Mucken spielt, eine Art Schafkopf. Auf einen bestimmten Zuruf stechen in diesem Spiel dann nur noch die Unter. Ein verführerischer Gedanke.

Auch in diesem Jahr wurden im Fernsehen wieder „Stille Helden“ mit dem Burda-Bambi dekoriert für selbstlose Hilfe und dann, mitten im protzigen Pomp der

Veranstaltung, von der „BUNTE“-Chefin mit erbärmlichen 20.000 Euro Unterstützung pro Projekt verabschiedet. Sie stehen eben doch nicht hoch im Kurs, unsere stillen Helden, missbraucht von unserer Raubtiergesellschaft. Uschi und Uli sind im Sinne der Bambi-Kriterien keine Helden. Aber sie sind Menschen geblieben, jeder *sui generis*. Es gibt sie noch, die Wahrhaftigen, mitten im Großen Beschiss und dem verlogenen Weihnachtsgemümmel unter gekillten Tannen, das Ganslfett in den Nasenlöchern der Andächtigen. Die Hoffnung von heute ist der gelebte Widerspruch. So entstehen Piraten, die daran erinnern, dass Hohn und Saturiertheit ihr Ablaufdatum vergessen haben.

Hoffentlich besucht mich Uschi bald in Wien. Hier wäre ihre Retro-Kostümierung der Schlüssel zu einer verkrachten Gesellschaft, der sie auf gut Fränkisch Mores lehren könnte. Es wäre das Ende der ständigen Handkusskinderei. Denn Leoparden wie Uschi küsst man nicht. (2011)

Beim Tanzen ist man dem Tod am nächsten
Der Universalkünstler Einar Schleef

Dort, wo er herkommt, war es finster. Das zeigen die Fotos. Es gibt Tausende, von denen nur wenige veröffentlicht wurden: hundert Fotos aus den Jahren 1970 bis 1975 in einem Bildband, der *Zuhause* heißt. Zuhause – das ist Sangerhausen, eine Kleinstadt in Sachsen-Anhalt, irgendwo zwischen dem Kyffhäuser und Eisleben, Barbarossahöhle und Lutherstadt, Wilhelminismus und Protestantismus, Militärstaat und Gewissensbuchhaltung. Im Schwitzkasten deutscher Geschichte albträumte sich das Kaff Sangerhausen durch die DDR-Zeit, als Einar Schleef, Jahrgang 1944, hier lebte und zur Schule ging.

Er ist ein Sangerhausener.

Einar Schleef: Autor, Regisseur, Bühnenbildner, Maler, Fotograf (und in seltenen Fällen auch Schauspieler). Bei seinen Auftritten kommt es häufig zu schweren Ausfällen in der bürgerlichen Wahrnehmung, zu regelrechten Drehschwindel-Attacken. Wenn man etwas nicht versteht, aber achtet, redet man gern von „Genie". Wenn es das Erträgliche überschreitet, von „Monster". Für so ein „Monster" hält man Schleef, für einen „Berserker".

Man sah ihn als Rädelsführer einer künstlerischen „Wehrsportgruppe", und Peter Zadek nannte Schleefs

Arbeiten „Faschismus-Scheiße“. Schleef hat unsere Theaterwelt polarisiert, und jetzt, da kaum noch etwas von ihr übrig ist, steht Schleef da wie ein Sieger wider Willen. Ein Dinosaurier des Theaters, nicht zu designen.

Einar Schleef. *Take me or leave me.*

Auf seinen Fotos: blattlose Baumgerippe, die den Blick versperren. Bilder, wie überwuchert von kahlem Geäst. Schneeflecken mitten im Dreck machen die Landschaft kaum heller. Zwischen einstöckigen Hausruinen verlaufen Straßen aus Pflastersteinen, „Knüppeldämme“, und Menschen scheinen in dieser Gegend die Ausnahme zu sein. Wenn sie trotzdem auftauchen, tragen sie Arbeitskleidung oder sind winterlich vermummt. Das Wetter ist zum Davonlaufen schlecht: „Rägen hört nich uff.“ Das war sein „Zuhause“. Das Motto dieses Bildbandes: „Nie mehr zurück, das verwinden, fliehen, bis man ein eigenes Zuhause hat, was einen erstickt und auffrisst.“

Genauso wie Sangerhausen.

An einem Samstag im Mai: Schleef kommt nach Hause. Wir sind in Sangerhausen verabredet, Mogkstraße 24. Das Elternhaus: schmal wie ein Anbau, Ziegelmauern, einstöckig, ein verwildertes Gärtchen zur Straße. Vor der hölzernen Haustür, die ganz zermürbt ist vom Wetter, wartet eine schwarze Katze. Da kommt Schleef die aufgebuddelte Mogkstraße herauf, vom alten Gaswerk her. Es ist einer seiner fliegenden Auftritte, die den anderen einfach mitreißen, und die Wonnen der Schadenfreude sind es, wenn er sagt: „Na, sinn wer da?“

Hier wohnte bis vor zwei Jahren Schleefs Mutter Gertrud, Titelfigur seiner Autobiografie. Nach dem frühen

Tod ihres Mannes war sie die längste Zeit allein. Hier unterschrieb sie die Briefe an den Sohn mit: „Deine Mutter, Bergmann untertage." Innen ist das Haus eine Wohnruine, Inbegriff der Vernachlässigung. Von der Dusche sind ein paar Rohre übrig. Das Waschbecken liegt in der Küche auf dem Boden. An das Spülbecken erinnert ein Wasserhahn, und in der Ecke verrottet ein Gasherd. Das Wohnzimmer ist noch halbwegs zu gebrauchen. Schleef deutet auf eine blaue Schlafcouch: „Hier wurde gestorben." Hier starb vor zwei Jahren Gertrud. Das eigentlich Entsetzliche aber ist, dass hier gelebt wurde.

„So haben Tausende gelebt", sagt Schleef. „Das war nichts Außergewöhnliches für die DDR, die Häuser waren kaputt." Er zeigt den Balkon auf der Rückseite. Man kann ihn nicht betreten, alles voller Schutt.

„Von hier hat man auf die Villa der Stasi geschaut und auf die Schäferhunde." Im Winter habe seine Mutter ihre Fäkalien bisweilen auf den Balkon verbracht, weil die Toiletten zugefroren waren. „Das war doch die Hölle hier im Winter." Man habe nicht alle Öfen beheizen können, und das Haus habe geklirrt vor Kälte. „Ja, so ist das", insistiert Schleef und schnauft wie einer, der wusste, was auf ihn zukommt. Erst so leben müssen und dann noch den Wessis die Welt erklären!

Aber Herr Schleef, Ihr Vater war Architekt. Ihre Mutter hatte doch Beziehungen genug …

Sie hat keinen Sinn mehr gesehen und fand sich nicht zurecht. Die wollte nicht mehr, besonders nach der Wende nicht. Nach 89 hat sich der Zustand im Haus verschlimmert.

Und Sie haben genauso keine Sehnsucht nach einem Nest? So im Sinn von Achternbusch, der sagt, dass man ein Nest braucht, wenn man mit faulen Eiern werfen will?

Ich habe nie von einer Familie geträumt. Also, die Ehe meiner Eltern habe ich immer aus der Distanz verfolgt. Ich weiß nicht ... Wie halt Paare so sind. Paarbeziehung – das ist eine grausame Konstruktion. Ich habe es nie anders erlebt. Und deshalb kam ja in mir nie der Wunsch nach einer Ehe auf. Ich fand das immer abwegig.

Sie hatten also nie die Sehnsucht, rückwärts einzuparken? Nie einen Spießertraum?

Was Normales kam doch gar nicht an mich ran. Ich habe einen Sprachfehler, und vom Aussehen war ich auch nicht der Typ, der was machen konnte. Ich war schon immer der letzte Dreck. Logo. Und das ist so geblieben.

Aber Herr Schleef: In der Furcht vor Ihnen versteckt sich die Achtung vor dem Raubtier.

Der letzte Dreck! So. Ja, so ist das, Herr Schödel. Genau so!

Schleef schnauft, und mir war vor Sangerhausen keineswegs klar, was auf mich zukommt, obwohl ich es hätte wissen können, schon nach einer ersten Begegnung. Das war nach Heiner Müllers Tod in Berlin. Schleef weinte, und weinend kritisierte er noch Heiner Müllers Parteidenken und seine Texte. Gertruds Tod und Müllers Tod haben Schleefs Leben verändert. „Nach der Beerdigung meiner Mutter kam ich nach Hause wie in einen Sarg.“ Er sagt: „Wenn die Eltern tot sind, weiß man, dass man allein ist." Und: „Die Beerdigung konnte gar nicht schnell genug gehen. Ich wollte weg."

Diese Flucht spiegelt sich in Schleefs Inszenierungen. Der Beginn der Tragödie ist die Vertreibung der Hauptdarsteller. Auch Schleefs Theater kennt keine Protagonisten. Sie werden durch den Chor ersetzt: Wenn das Schicksal aufrüstet, marschieren wir alle. Was uns bleibt, ist das Ritual, die alte Form. „Schleef hat den antiken Blick", sagen seine Bewunderer.

In Sangerhausen, als er noch zur Schule ging, spielte Schleef Puppentheater in der großen Stube. In seinem neuen Buch *Droge Faust Parsifal* schreibt er: „Ich blieb bei den Stereotypen: Hans, Teufel, Krokodil, Gretel, Kasper, König, Polizist, Hexe, Bauer, die ich mit Pappe, Wasserfarbe, Buntpapier, Stoffresten, Perlenborten und Mutters Knöpfen ergänzte ... Der Formenkanon des Kaspertheaters war ‚einfältig', aber darum nicht weniger wirksam."

Damals, als Achtzehnjähriger, schrieb Schleef an einem Tagebuch, das er später abgetippt und sorgsam aufbewahrt hat.

13.5.62

Ich weiß nicht, jedesmal dasselbe Geschimpfe, Geschrei, Gegröle: Ich schmeiß dich von der Schule. Du verreckst, Du Verbrecher ... Du richtest uns zugrunde. Ich weiß wirklich nicht, wer recht hat. Das Zusammenleben zu Hause wird immer unverträglicher, drückender.

18.7.62

Bin ich wirklich ein so schlechter Mensch, wie mich viele schildern? Wer hat mich so gemacht?

20.7.62

Die Versorgung verschlechtert sich von Woche zu Woche.

Das Fleisch und die Butter werden noch strenger rationiert. Die Qualität ist beschissen. Haferflocken, Graupen, Reis usw. gibt es nicht. Es ist, als ob wir in einem großen Zuchthaus leben …

Sangerhausen, ein Zuchthaus, in dem ein Frauenmörder umging: Fritz Schnubbe. Er war Hauer im Erzbergwerk des Ortes (inzwischen aufgelassen), Zimmermann und Hilfskraft der Volkspolizei. Im zweiten Band von *Gertrud* schreibt Schleef: „Von hinten pirschte er sich an seine Opfer heran, hielt ihnen den Mund zu und belästigte sie mit unsittlichen Handgreifungen." Eines Nachts stach er mit dem Messer zu. Das war 1976. Ob er nicht schon elf Jahre zuvor auch Frau Müller ermordet hat, ist unklar. Beweise gibt es nicht.

„Ja, so war das", sagt Schleef in Sangerhausen, wo sich jetzt Ossi und Wessi gute Nacht sagen. Nach einem unvergeßlichen Besuch in der Sangerhausener Bahnhofsdisco „Nachtexpress". Schleef tanzt und hüpft mit sich selber in den Morgen. „Über dem Gebet steht das Tanzen", sagt er. „Beim Tanzen ist man dem Tod am nächsten."

Nach einem Jahr.

„Wovor bin ich weggelaufen? Alles hat mich eingeholt. Ich bin zurückgekehrt. Ich kann ohne die Mauer nicht leben. Ich bin die Mauer.

Gegen wen? Gegen mich selbst. Was ist auf der anderen Seite? Dasselbe wie hier: Scheiße. Wohin jetzt!"

Das notierte Schleef Ende der siebziger Jahre in ein (bisher unveröffentlichtes) Tagebuch. Er war inzwischen im Westen, zuerst in Wien. In der DDR konnte er nach seiner *Fräulein Julie*, einer Gemeinschaftsarbeit mit B. K. Tragelehn, nicht mehr arbeiten. Es war ein zu schroffer Verstoß gegen das Abbildungstheater. Schleef inszenierte in Dresden noch ein Kinderstück, *Der Fischer und seine Frau*, es gab eine einzige Vorstellung – dann war es endgültig aus.

In Wien wollte Schleef, wieder mit Tragelehn, an der Burg arbeiten. Aber die Künstleragentur der DDR funkte dazwischen. Schleef in Wien: ohne Job, ohne Geld. Er schlief da und dort, auch im Flur – bis er Freunde fand. Schleef notiert: „Wie hier bin ich noch nie, auch nur andeutungsweise, an meine eigenen Grenzen gekommen, hier sind sie jeden Tag sichtbar. Die Mauer ist wieder da, in mir. Die Mauer. Ich wollte weglaufen und bin angekommen … Meine Emigrantenromanze, ein Umhängebeutel und das, was ich anhabe."

Später schreibt er in seinem Berliner Ausstellungskatalog *Republikflucht, Waffenstillstand, Heimkehr* über sich in der dritten Person. Wessiforschung à la Schleef: „Anfangs hatte er eine Kartei angelegt, ein Verzeichnis, welche körperlichen Eigenschaften die beiden Menschenrassen unterscheiden. Den Osten vom Westen. An die Wand zeichnete er den Grundtypus. Die Veränderungen erfasste er gesondert, oft korrigierte er, weil sich seine Wahrnehmung verschob, er kam nicht hinter das Geheimnis, keine Erklärung, ob es nun ausschließlich an der Nahrung lag."

Schleef ist ein DDR-Kind der ersten Generation, genauso wie seine langjährige Freundin, die namentlich nicht genannt werden möchte. Sie sieht aus wie eine

Tochter der Courage und saß eineinhalb Jahre wegen versuchter „Republikflucht" im DDR-Knast. Schleef war schon in Wien, da zog man sie an der Westgrenze aus einem Kofferraum.

„Meine Freundin hat mit mir über ihre Zeit im Gefängnis kaum gesprochen", sagt Schleef. „Seelische Einbekenntnisse dem anderen gegenüber gab es ja in der DDR nicht. Das hätte den anderen angeekelt. Man hatte doch nie eine intime gedankliche Auseinandersetzung. Vielleicht Gott sei Dank, wenn man heute in den Stasiakten liest."

Schleef lebte in Wien, dann in Berlin, dann wieder in Wien, und seine Freundin übermittelte ihm einen Befehl: „Du kommst nicht wieder!" Er blieb im Westen und schrieb. In sein Tagebuch notierte er seine Träume:

„Die Eltern schlafen im hinteren Zimmer, ich muß leise sein. Ich habe einen Türken mitgebracht. Ich versuche es ihm zu erklären, der junge Türke, klein, kräftig, Schnauzbart, nickt. Ich gehe ins Nebenzimmer, auf dem Teppich steht eine schmale elektrische Uhr. Ich bücke mich, will nach der Zeit sehen ... geh zu ihm zurück, wer weiß, was er macht. Stehe in der Tür, sehe ihn am Boden, Mutter im bunten Kittel, das Staubsaugerrohr in der Hand. Sie hat ihn niedergeschlagen. Dreht sich um. Der wollte irgendwas. Sie zeigt mir das Rohr wie eine Waffe."

Mutter Gertrud sei für sie eher ein Monster gewesen, sagt die Freundin. „Zur Liebe völlig unfähig. Wenn sich die beiden gestritten haben, habe ich gesagt: ‚Nimm deine Mutter in den Arm, dann ist es wieder gut.' Aber sie hat ihm dann so eine draufgehauen! Da ging es gleich wieder los. Furchtbar war das. In seinen Büchern, denke ich, ist sie eine Kunstfigur, über die er alles mögliche abhandelt. Die ganze DDR. Er hat sich losgeschrieben, das war ja vernünftig."

Durch die beiden *Gertrud*-Bände geistern mindestens 400 Personen. Alle Volkspolizisten und Parteiarbeiter, alle Mondsüchtigen und Meschuggenen, alle Gertruds, Lieschens und Elses, die Schleefs Welt bevölkern. Er hat sie alle noch einmal herbeigerufen – wie zu einem letzten Zapfenstreich für Sangerhausen.

Genauso geht er auch im Theater vor, wo er meistens sehr deutsche Stoffe inszeniert hat: Goethes *Götz von Berlichingen*, Hauptmanns *Vor Sonnenaufgang* und immer wieder *Faust*. In chorischen Formationen stampfen seine Figuren lautstark über Bühnenbretter und Stege. Er ordnet das Chaos seiner Erinnerung, die ihm nicht leichtfällt. Er organisiert, was ihn verfolgt. Aber nicht „Aufmarsch!" heißt der Schleefsche Befehl, sondern „Abmarsch!"

Auch die Liebesgeschichte mit seiner Freundin ist inzwischen irgendwie abmarschiert. Jedenfalls ist es nicht mehr wie früher. „Es war eben wirklich eine andere Zeit", sagt Schleef, der vier Kinder hat, aber keines von seiner Freundin. „Das war doch die einzige Möglichkeit zu existieren, vom Kindergeld, und Wohnraum zu bekommen."

Und die Frauen mit den Kindern? „Die waren doch nie da. Das lief doch alles anders." Er stöhnt schon wieder, schaut zum Fenster hinaus und sagt, egal, ob wir uns gerade in Berlin, Wien oder Düsseldorf begegnen: „Also, das da kann's nicht sein. Also das doch nicht." Nicht nur, weil es schwierig sei im Westen, „mit der DDR-Provinz im Koppe".

Er hat jetzt eine Wohnung in New York. Dort gefällt es Schleef. „Neulich stand ich in Wien nach Verhandlungen am Burgtheater in einer Eisbar vor einem Stadtplan von New York und habe geweint. Das hier kann's doch nicht sein, also das nicht. Also, bitte!"

Auch hier ist er nicht zu Hause. Schleef an sich selber: „Er war viel zu lange hier, um sich noch verändern zu können, er hätte gleich weggehen müssen, eine andere Sprache, ganz von vorn, aber hier ..."

Die Flut kommt. Land unter! Das Land, das versinkt, heißt DDR. Es ist Wochenende, und der Fernseher läuft. Das Ganze – ein Familiendrama. „Wenn ‚Bonanza', ist Sonntag", sagt die Mutter. Und: „Wenn ‚Kessel Buntes' kommt, ist Samstag." Vater schaut fern, Mutter isst Pralinen. Zwei Neue Menschen im Sozialismus bei ihren privaten Verrichtungen, die allmählich eskalieren. Vater schlägt Mutter mit dem Kopf gegen den Fernseher und hat Erinnerungen, „links, zwei, drei": Russlandfeldzug. Und Mutter kontert: „Erst die Russen abknallen und jetzt in den Arsch kriechen." Da kommt das Wasser. „Alles versinkt langsam im Wasser." Es bricht etwas herein, „still und unvermeidlich". „Das Wasser steigt." Am Horizont treibt Elfi vorbei, die Enkelin, und Tochter Karin schwimmt bereits ums Überleben ...

Berlin ein Meer des Friedens hat Schleef Anfang der siebziger Jahre geschrieben, ein früher schriftstellerischer Versuch und eine Prophezeiung. Schleef und seine Freundin hatten damals kaum Geld, und er schenkte ihr das Stück zum Geburtstag.

In Schleefs Vokabular gibt es ein ganz besonders verhasstes Wort. Es heißt: Partei. Und es gibt ein verhasstes Synonym dafür: „Beutegemeinschaft." Schleef sagt: „Mitbeißen, mitschlucken. Ich hatte immer etwas gegen Parteizugehörigkeit, das fand ich nicht gut. Bei Müller, bei Biermann – da ging's doch immer um Partei. Mal war man drin, mal war man abtrünnig. Das war nie mein Ding ..."

Man müsse sich das vorstellen, sagt Schleef: „Müller hat versucht, jungen Stasi-Offizieren Hölderlin zu erklären. Na. Also. Das musste doch zum Konflikt kommen." Schleef dachte stattdessen an das große Wasser und wie es über Ost-Berlin kommt.

„Was die Welt verändert, kommt immer aus der Verzweiflung und aus der Verweigerung", sagt Schleef. Ihn, den Stotterer, hat sein Sprachfehler hellhörig gemacht. Ihm kommt so leicht kein Schmus über die Lippen. Er sagt, seine Texte seien gesprochene Sprache. „Lesen is nich drinne, Herr Schödel."

Schleef ist ein Lakoniker, und man hat auch bei seinen Theaterstücken das „Subjektlose" ihrer Sprache bewundert. Auch am Schreibtisch sitzt kein Protagonist, sondern einer, der im Chor der Stimmen aus Sangerhausen verschwindet. Sangerhausen ist Schleefs Weltmodell. Germania – Tod in der Mogkstraße.

Ein letzter Blick nach Sachsen-Anhalt: Schleef kommt gerade aus seinem Elternhaus. Seine Hosen sind besudelt, seine Schuhe verschmutzt.

Er habe jetzt drei Stunden die Toilette repariert, das Haus stehe unter Wasser. „Ach“, sagt Schleef, „na ja, kein Drama.“ Es sei ständig etwas kaputt.

Schleef hat immer in Ruinen gelebt, auch während seiner Studienjahre.

Ruine Deutschland. Vielleicht ersteht aus ihr ein neues Leben. Schleef putzt. Er reibt mit einem Papiertaschentuch einen Tisch ab. Wir sitzen vor einem italienischen Restaurant in Wiens 1. Bezirk. „Ja, Herr Schödel“, schnauft Schleef, „so ist das“, und hält mir das vor Dreck strotzende Tuch unter die Nase. „Auch mein Hotel ist ein Hit. Dreck von oben bis unten. Wir können doch nicht immer nur denken! Das ist doch schrecklich. Und wer nicht betet, muss eben, zum Beispiel, putzen. Irgendwie muss man zu einer Konzentration kommen. Das hat auch die Dietrich so gemacht. Erst einmal die Künstlergarderobe geputzt.“

Schleef ist nach Wien gekommen, um an der Burg zu verhandeln. Er soll Elfriede Jelineks *Sportstück* uraufführen. Er sagt: „Das Theater ist doch leider nicht mehr der Ort, wo's stattfindet. Ich bin doch selber ein Teil der Verödung. Meine Produktionen in Ost-Berlin und dann unter Günther Rühles Intendanz in Frankfurt hatten doch eine ganz andere theoretische Ausrichtung. Heute ist doch alles an die Betriebe gebunden und an deren Interessen.“ Selbst die Wende habe man im Theater nicht als Chance begriffen. „Es findet keine Auseinandersetzung mit der Gegenwart statt, und deshalb gibt es auch keine Formen dazu, keine Dramen von großem Zuschnitt.“

Da stirbt etwas aus. Die Einsamkeit der Saurier. „Es gibt nichts Schöneres, als allein zu sein“, sagt Schleef.

„Das ist doch ein Glück. Meine Freundin, meine Mutter – die sind doch da. Ich wusste doch immer, was meine Mutter in jedem Moment macht.“

Aber Herr Schleef, Gertrud ist tot.

Wieso?

Gestorben vor zwei Jahren.

Die ist doch da, die ist lebendig.

Das ist Erinnerung.

Das ist Anwesenheit. Die Toten sind anwesend.

Und die sprechen?

Logo.

Das kann man doch keinem aufgeklärten Menschen erzählen. Sagen Sie, die antworten auch?

Klar. Aber logo. Das sind Mitteilungen an die Seele.

Das sind Obsessionen.

Ich habe diese Obsessionen nie vermieden. Vielleicht ruft man die Toten auch an, dass sie über einen kommen.

Wie im Theater.

Im Theater ist das doch auch ganz klar. Der Schauspieler wird von seiner Figur eingenommen. Er ruft sie an. Das Kostüm ist nur ein Hilfsmittel. In anderen Kulturen weiß man das.

So ist Schleef. Furchtlos in seinen Äußerungen bis ins absurdeste Detail. Er nimmt seinen Rucksack, verlässt den Italiener im 1. Bezirk und putzt sein Hotel. In einer Hommage an Schleef schrieb Heiner Müller: „Unter den Toten steht ihm Kleist am nächsten, ein Dichter ohne Volk.“

Da geht er hin: Einar Schleef. Einer wie keiner.

(1997)

Das Zeremoniell des Milljöhs
Die „Bornholmer Hütte" in Berlin

Im Norden des Prenzlauer Bergs, zwischen Schönhauser Allee und Bornholmer Brücke, liegt, umrahmt von Gleisanlagen und Schrebergärten, das Nordische Viertel, lappt über nach Pankow und zum Wedding und wurde von Ortschronisten immer auch als „Eskimo"-Viertel bezeichnet. Bis nach Mitte sind es nur drei U-Bahn-Stationen. Aber Mitte ist weit weg, fast schon Süden. Hier oben, unter den Gletschern des Prenzlauer Bergs, heißen die Straßen Osloer, Malmöer, Kopenhagener. Es gibt eine Gotland-, eine Ibsen- und eine Isländische Straße. In diesem fernen Viertel liegt auch die Bornholmer Straße, die früher zum Postbezirk N113 gehörte, N wie Norden.

Schon Anfang des Jahrhunderts gab es im Nordischen Viertel nicht nur jede Menge Laubenpieper-Kolonien, die natürlich „Grönländer" oder „Nordkap" hießen, sondern auch Kneipen an jeder Ecke: „Lenchen Thiele", „Tante Martha", „Harmonie". 1904 wurde in der Bornholmer Straße 89 die „Bornholmer Hütte" eröffnet, die seit 1954 von Familie Gehrhus bewirtschaftet wird, auch zu DDR-Zeiten in Privatbesitz blieb und heute ein Schmuckstück Altberliner Kneipenkultur ist.

Auf den ersten Blick ist die Berliner Kneipenkultur, mit anderen Worten: der nackte Horror hauptstädtischer Feierabendgestaltung, eher eine Aufgabe für Verhaltensforscher. In bayerischen Wirtshäusern dachte man bisweilen, das Leben sei ein rauschiges Fest, ein barocker Bierkampf. In Wiener Beisln schienen selbst die Affen von der Reblaus abzustammen – aber in Berlin! Offensive Männercliquen hocken in rauchigen Höhlen, berlinern wie aus der Pistole geschossen, und ihr IQ scheint, anders als in Bayern, mit jedem Bier zuzunehmen. Was in der Steinzeit die Keule war, ist hier die Bulette, und die Menschen tragen keine Nachnamen. Es herrscht das Zeremoniell des Milljöhs.

Touristen und Voyeure haben keine Chance. Nur wer sich wirklich hineinwagt, wiederkommt und sich allmählich selber in das lebende Mobiliar dieser Kneipen verwandelt, wird außer Höhlen Kneipenparadiese wie die „Bornholmer Hütte“ entdecken können. Draußen: die Unübersichtlichkeit der Hauptstadt. Drinnen, hinter den Kneipengardinen: die Sicherheit der Zeremonien.

Wenn Malte und Werner kommen, ist es gegen halb vier. Dann trinkt jeder vier kleine Biere, vier Schnäpse und noch ein Bier zum Abschluss. Wenn sie gehen, ist es so halb sechs. Sie haben ihren festen Platz am runden Stammtisch, über dem ein schwarzes Segelschiff mit rotgrünen Positionslichtern hängt. Zwei Stammgäste, die der Hauptstadt nie davonsegeln werden, Heimwehtypen.

Malte ist ein korpulenter Mittfünfziger mit einem gepflegten Schnurrbart und gutem Geschmack, was der Inhalt seiner vollen Einkaufstüten beweist. Er stammt aus einer Arztfamilie im Erzgebirge und arbeitet in einem Büro in Weißensee. Ein lebensfroher Mann, der zwischen Büro und Feierabend seit Jahrzehnten hier Station macht, seine Zeitungen liest, vor allem den „Berliner

Kurier“ und das „Neue Deutschland“, und dann seinen Abend zu Hause verbringt. Malte wohnt gleich um die Ecke, und seine Stimme klingt wie Donnerhall.

Ganz anders Werner, der den schlechteren Platz am Stammtisch hat, weil er zur Wand schaut und nicht wie Malte auf die Theke mit dem kunstvoll verzierten Büfett von 1904, den bleiverglasten Türen und der Uhr oben drüber. Werner schiebt einen stattlichen Bierbauch vor sich her, gehörte vor seiner Pensionierung zum Aufsichtspersonal des Ostbahnhofs und hat sich irgendwie in sich vergraben. Früher erklärte er den Reisenden, in welchen Zug sie einsteigen müssen, jetzt erklärt er nichts mehr. Ein stiller Zecher, der sich auch gegen Maltes freundliche Attacken nur noch zum Schein zur Wehr setzt.

Neulich führten die beiden Sunny Boys der „Bornholmer Hütte“ ein Streitgespräch über die beste Art, Bettlaken zu trocknen, ein Junggesellendiskurs zwischen halb vier und halb sechs. Werner kann bis heute nicht glauben, dass das Zeug in einer großen Trommel flauschiger wird. Und Malte ist ratlos, dass jemand das Einfachste nicht versteht.

Eigentlich ist die „Bornholmer Hütte“ gar keine Höhle, sondern eine Halle. Die karamellbraunen Wände sind vier Meter hoch, von der Decke hängen fünfarmige Wohnzimmerlampen aus den vierziger Jahren, und der immer frische Blumenstrauß auf der Theke wirkt üppig. Wenn die Wirtin die Kneipe betritt, beginnt die dämmrige Hütte zu leuchten. Sie ist die Witwe des vor vier Jahren verstorbenen Walter Gehrhus, der eine eigen schöne Persönlichkeit gewesen sein muss, die Mitte zwischen Diktator und Anarchist vielleicht.

Seit dem Tod ihres Mannes sitzt Christine Gehrhus jetzt abwechselnd mit ihrem Sohn Matthias hinter der Theke neben dem Bockwurstkocher und ist die „Mutter vons Janze". Sie ist in Zeulenroda in Thüringen geboren, ihre Eltern hatten ein Malergeschäft, und sie wollte Innenarchitektin werden. In den Fünfzigern durfte sie als Handwerkerkind im Arbeiter- und Bauernstaat kein Abitur machen, hat es später doch noch geschafft, studierte in Potsdam angewandte Malerei und heiratete dann den 30 Jahre älteren Gehrhus. Über die Jahre hin hat sie sich zur Kneipenpsychologin herausgebildet und verkörpert eine im Westen kaum noch vorstellbare Art von Nachbarschaftlichkeit.

Anfang des Jahrhunderts saßen in der Mittelpromenade der fast 70 Meter breiten Bornholmer Straße auf Bänken strickende Omis und Muttis, tratschten und passten auf die Kinder auf. Die kleinen Vorgärten der Mietshäuser waren gepflegt, und ein Hausportier kümmerte sich um alles. Aber die „Bornholmer" waren nie reiche Leute, sondern Arbeiter, Angestellte, kleine Beamte, die im Kramladen nebenan auf Pump einkauften. „Die Kinder erbettelten sich beim Bäcker Kuchenränder, die Erwachsenen aßen mit Genuss an der Ecke Schönhauser Allee Pferdefleischrouladen": So steht es in einer inzwischen vergriffenen Chronik über das Nordische Viertel, herausgegeben vom „Kulturverein Prenzlauer Berg".

In den Kneipen, meistens Familienbetriebe, herrschte trotz Geldmangels reges Leben. Aus den Arbeitervereinen waren Kegelklubs und Gesangvereine entstanden, und natürlich gab es auch in der „Bornholmer Hütte" von Anfang an eine Kegelbahn im Keller, die nach der

Wende aufwendig restauriert wurde, originalgetreu bis in die alten Farben. Die Kegel müssen noch von Hand aufgestellt werden, und die Trefferquoten kann man auf Metalltafeln ablesen.

Zur DDR-Zeit muss hier der wilde Osten los gewesen sein, als im Keller noch die „Volkssportgruppe Flinke Ratte“ kegelte, eine Druckerbrigade des „Neuen Deutschland“, oder der „Bäckerchor Nord“ und der Gesangsverein der Frisöre im Hinterzimmer mit der grünen Decke und dem angeklebten Stuck deutsches Liedgut pflegten. „Damals musste man sich auch außerbetrieblich betätigen“, sagt Christine Gehrhus, „und statt ins Theater zu gehen, hat man sich lieber in Vereinen zusammengefunden. Es war doch alles reglementiert.“ Ihr Mann habe immer gesagt: „Was nicht verboten ist, ist vorgeschrieben.“

Damals, als es in der Bornholmer Straße außer der „Hütte“ nur ein Café und eine Speisegaststätte gab, das Bier 51 Pfennige und auch eine Bockwurst mit Brot weniger als eine Mark kostete, herrschte jeden Tag Hochbetrieb in der Kneipe, die zur „Preisstufe II“ gehörte, also mit Tischdecken und Blumen. Man konnte sich eine Büfettfrau und eine Serviererin leisten, die früher weiße Schürzen trugen. Pünktlich um 14 Uhr kam „die Mülle“, also die Müllfahrer, am Abend die Handwerker und abends dazu noch der Professor, vornehmlich Männer. Im Gästebuch findet sich ein Lob des „Estradenorchesters Berlin“, es gehe in der „Bornholmer Hütte“ weniger streng zu als in anderen DDR-Lokalen: „Man wird nicht ‚eingewiesen‘ und darf sogar, ohne Lokalverweis, einen fünften Stuhl an einen Vierertisch stellen.“

In einer Hausarbeit zur Facharbeiterprüfung im Gastgewerbe schrieb Christine Gehrhus 1974: „‚Das Ziel unserer Partei und Regierung ist es, das Leben der Werktätigen reicher, angenehmer und schöner zu machen' (Willi Stoph). Folglich besteht auch die Hauptaufgabe des auf dem VIII. Parteitag beschlossenen Fünf-Jahres-Plans in der weiteren Erhöhung des materiellen und kulturellen Lebensniveaus des Volkes." Also stieg der alte Gehrhus, der um Mitternacht das letzte Bier verkauft und eine Viertelstunde später den letzten Gast verabschiedet haben musste, täglich um 23 Uhr auf einen Stuhl, stellte die Uhr über der Theke um eine Viertelstunde zurück und verlängerte so die *Drinking-out-time* auf das Doppelte.

Die Stammgäste der „Hütte" waren damals eine verschworene Notgemeinschaft und die Kneipe ein Umschlagplatz für alles, was man brauchte. „Vor Weihnachten habe ich mit einer Sackkarre kistenweise Apfelsinen besorgt und in der Kneipe verteilt", erzählt Christine Gehrhus. „Biergläser habe ich von zu Hause, aus Zeulenroda, bekommen gegen Pfirsichdosen aus Rumänien, die es dort nicht gab." Natürlich saß auch die Stasi im Lokal. „Wir haben gewusst, welcher Vogel zwitschert." Als dann zuerst an der Bornholmer Brücke die Mauer fiel und Christine Gehrhus ihren Sohn wecken wollte, weigerte er sich aufzustehen und sagte: „Versuch's doch mal mit weniger Alkohol!"

Zehn Jahre nach der Wende gibt es die „Bornholmer Hütte" immer noch, obwohl von Berlin-Mitte die ununterscheidbaren Bistros und Bars auch den Prenzlauer Berg überziehen. Aber die „Hütte" hat treue Stammgäste, eine Menge Geschichte und ist ein Schmuckstück des

Nordischen Viertels. Schließlich, wo ruft schon um Mitternacht ein Stammgast wie Siggi, ein für das Nordische Viertel auffallend barocker Mann im Rentenalter, seine Wirtin an und fragt: „Kommste noch runter was trinken?“ Und die Wirtin kommt, weil sie nicht nur einen Gast trifft, sondern auch einen Freund. (2000)

Ode an die Helden von morgen
Ein Bericht aus dem Inneren des Kulturbetriebs

Es war schon weit nach Mitternacht im Café Bendl, das auch „Bück dich“ heißt, weil man ein paar Stufen hinuntersteigen und unter der Tür dann den Kopf einziehen muss, um in eine durch einen Bogen in zwei Parzellen eingeteilte Kneipenhölle mit gepolsterten Bänken zu gelangen, in denen die Hinterteile der Stammgäste über die Jahrzehnte hin tiefe Beulen hinterlassen haben, wo die nikotingrauen Wände an die Zeiten des Tabaks erinnern und die Musicbox die Hits von damals nachspielt. Im „Bendl“ treffen sich nicht nur Freaks und Studenten, sondern auch Künstler, sogar Klaus Maria Brandauer begibt sich hinunter, weil so ein traumhafter Ort, wie ein Stück von Alt-Schwabing, in einer durchwegs bürgerlichen Stadt wie Wien seinesgleichen sucht. So war das vor bald drei Jahren.

Rauchschwaden hingen in den kleinen Räumen, die Musicbox rackerte sich durch die Nacht, der Winterwind rempelte gegen die Fenster, und vielleicht war das der Grund, weshalb ich an den Frühling dachte. Frühling aber bedeutet in Wien: Wiener Festwochen, sechs Wochen lang, seit je und jetzt trotz Krisenzeiten immer noch ein Überangebot, vor allem an internationalem Theater. „Da sitzt man dann wieder bei dem wahnsinnig interessanten ‚Hamlet' aus Kasachstan und weiß nur eines: dass man ganz andere Sorgen hat", dachte ich. Und schrie meinem Assistenten Umek, weil es so laut wurde im „Bendl", ins Ohr, dass wir wieder brauchen, worüber wir so gut wie nicht mehr verfügen, nämlich Konzentration.

Viele der alten Festivals mogeln sich am Zeitgenossen vorbei. Auf Veranstaltungen, die uns vorführen, was wir gerade noch haben und uns mühsam über Subventionen zusammenkratzen, können wir schön langsam verzichten. Was wir brauchen, sind Gedankenfestivals, die das gute alte Symposion auffrischen, befreit vom alten Biedersinn und diesem Zug ins Philisterhafte. Lustig muss es zugehen, damit man den Ernst ertragen kann, denn die Gedankenfestivals müssen von der Zukunft handeln. Ich ließ mir ein paar Zettel bringen und schrieb was auf. Wie man es eben manchmal tut, wenn man nach Mitternacht und ein paar Bieren sich entschließt, die Welt zu verändern, ein bisschen benebelt, auch vom Zigarettenqualm und den nostalgisch lärmenden Oldies. So begann es.

Normalerweise hebt man solche Notizen auf, bis man sie nicht mehr findet und bestellt sich dann Karten für die nächsten Festwochen. Aber Umek insistierte, bestand auf der Ausarbeitung der Schmierskizzen und fuhr mich eines Tages ins Burgenland, wo am Ende der Welt auf einem Hügel ein neu gebautes Hotel stand. Er hatte auch unseren Freund Heribert Sasse eingeladen, der als Ex-Intendant zum Beispiel des Berliner Schillertheaters im Verhandeln erfahren war. Außerdem sollte sein herrenhaftes Auftreten und das Blitzen seiner Manschettenknöpfe auch mir ein bisschen vom Glanz der Gesellschaft verleihen.

Dann kam der reiche Mann, der mit seiner Firma auf der Weltrangliste bereits Rang sieben erobert hatte, ein Schweizer mit familiären Wurzeln in Österreich, der auch das neue Hotel errichtet hatte, aus Neigung und mit Fördermitteln, und nach Veranstaltungen suchte, die es aus seiner Lage im Abseits herausheben sollten. Er hatte auch seinen burgenländischen Sekretär und Berater mitgebracht, ein einheimischer Subalterner nach Art der Gegend, dem Reichen in der Hoffnung auf Brosamen offenbar treu ergeben.

Ich referierte lang, was den Mann mit dem Geld sichtlich unterhielt, als aber Sasse von Bezahlung sprach, erschrak er furchtbar. Er habe nicht vor, dem Burgenland Geld zu schenken, wir hätten Texte zum Einreichen von Förderungen zu verfassen, honorarfrei. Dann fragte er seine Sekretärschranze: „Was hältst du davon, Fritz?“, oder wie der Mann auch immer hieß, und Fritz, vom Thema ohnehin überfordert, meldete vorsichtshalber Bedenken an. Wir verließen dann den schauderhaften Ort.

Später ließ der Reiche noch wissen, dass man ihm genau berichtet habe, wie viel und was wir auf seine Einladung hin getrunken hätten und dass man in meinem Koffer Sexspielzeug gefunden habe. Was in doppelter Hinsicht bizarr war. Einerseits habe ich, ein Feind des Technischen in allen Lebenslagen, noch nie einen Sex-Shop betreten. Andererseits musste man sich durch die Unterstellung, vielleicht ein Hinterhalt von Fritz, sinnloserweise nachreden lassen, man habe im Gästekoffer gewühlt. O schaurige Welt der Reichen.

Wir waren wieder zurück in Wien. Wie konnten wir uns nur so vorführen lassen. „Umek“, sagte ich, „wie können Sie nur glauben, dass man ausgerechnet mir und noch dazu in diesen Zeiten ein Festival nach meinen Wünschen finanziert!“ Es verging dann mehr als ein Jahr.

Dann fuhr mich Umek nach Zürich. Er habe durch regelmäßige Aufenthalte dort Freunde gefunden, Altersgenossen in den Zwanzigern, aber mit Familien an der Goldküste des Zürichsees oder anderen Plätzen der Edelauslese. So war es ihm gelungen, meinen Entwurf dem Schweizer Tennispräsidenten zuzuspielen, der sich, obwohl ständig rund um den Globus unterwegs, auch für Kultur stark macht, wenn ihn etwas überzeugt. Wir waren jedenfalls eingeladen.

Ich hatte mir, weil ich mich mit Hund und Koffern nicht mehr ständig den wachsenden Zumutungen der Bahn aussetzen wollte, zwar keinen Führerschein, aber ein Auto zugelegt, mit dem mich Umek fallweise beförderte, damals erst einmal ein 1-er BMW, und war eigentlich ganz stolz darauf. Ich war dann entsprechend enttäuscht, als wir beim „Baur au Lac“ vorfuhren und uns selbst die Lohndiener anstarrten, als hätte sich ein Trabi zu ihnen verirrt. Tatsächlich standen nur Bentleys vor dem Hotel und ein Rolls Royce des Hauses.

Reserviert war eine Junior-Suite mit Blick auf den See und die Bentleys, und man versuchte mir, weil das „Baur“ noch ein richtiges Luxushotel wie in alten Zeiten ist, jeden Wunsch von den Augen abzulesen, obwohl ich wunschlos war und dem Abendessen mit dem Tennispräsidenten in der Kronenhalle mit sehr gemischten

Gefühlen entgegensah. „Abblitzen wird er uns lassen“, sagte ich zu Umek. „Wir werden baden gehen.“ Umek deutete durch die Fenster auf den See hinaus: „Wasser wäre ja genug da.“

Er traf den Präsidenten eine halbe Stunde früher, um ihn einzustimmen „und damit er, wenn du kommst, nicht so erschrickt.“ Den ersten Fauxpas hatte er schon vorausgesehen und im Vorhinein gerichtet, denn ich kam, wie immer, mit Hund. Der Tennispräsident begrüßte mich nach allen Regeln, und sein Sakko mit dem Stecktuch erinnerte mich an England. Die Frage, wer die vermutlich gepfefferte Rechnung bezahlt, löste er, unsicher bei der Einschätzung meiner Person, mit bewundernswerter Eleganz, indem er vorsichtshalber gleich zu Beginn sagte: „Ein Glas Champagner für meine Gäste.“ Und dann nahm das Gespräch seinen Lauf.

Die Darstellung seiner eigenen Tätigkeiten dauerte kaum zwei Minuten. Der Präsident übte sich, wie ich später herausfand, in freundlicher Bescheidenheit, genoss das Essen, erwies sich als Mann mit Humor, aber auch als klarer Profi, der immer Genaueres, noch Genaueres über meinen Plan wissen wollte, und ließ am Ende des dreistündigen Treffens wissen, dass er das Projekt für äußerst wesentlich halte. Man solle sofort mit der Arbeit beginnen, aber nicht in Zürich, weil er in zwei Tagen auf seinem Landsitz auf Bali für drei Wochen Gäste erwarte, dennoch aber sechs Tage für eine Projektarbeit zur Verfügung stellen wolle. Man treffe sich also am besten in ein paar Tagen in Indonesien, Tickets und Aufenthalt würden bezahlt. Auf dem Nachhausweg wies mich Umek darauf hin: „Links wäre jetzt der See, falls du baden gehen möchtest." Es war doch aber fast ein Wunder geschehen. Das absolute Gegenteil meiner Burgenland-Erfahrung.

Weil ich weiß, dass Hitze und hohe Luftfeuchtigkeit meine Lebenschancen drastisch verringern, bat ich Umek, die Maschine der Qatar Airways zu besteigen. Ich selber fuhr nach Hause und ließ mir in der Fattigsmühle zwischen Fichtelgebirge und Frankenwald bei angenehmen klimatischen Verhältnissen die Mails aus Bali ausdrucken und empfing die Telefonate. In sechs Tagen war eine vollkommen professionelle Broschüre von 40 Seiten Umfang entwickelt, die vier Wochen später gedruckt vorlag. Interessierte Sponsoren meldeten sich überraschend schnell, aber mit Gstaad als Veranstaltungsort haute es nicht hin. Alternativen waren nicht leicht zu bekommen, weil der Ort viel können muss. Man braucht einen Hubschrauberlandeplatz, einen Vorlesungssaal, Räume für Workshops, ruhige Plätze für lange Kamingespräche und einen Platz für festliche Banketts. Schließlich geht es um ein Gedankenfestival, und der Bauch denkt mit. Auch soll es ja kein Quotenrennen werden mit möglichst vielen Besuchern, sondern mit einer beschränkten Teilnehmerzahl, damit man sich nicht im Trubel verliert und wieder miteinander ins Gespräch kommen kann. Ein Buch zur Veranstaltung könnte ja alles dokumentieren und nacherlebbar machen.

Die Veranstaltung hätte so beginnen sollen: Heißluftballons tauchen über dem Veranstaltungsort auf, und man hört von oben und aus Lautsprechern unten Becketts Stück *Das letzte Band*, gesprochen von Christoph Schlingensief. Für die Wirtschaftsgespräche war auch an den Swatch-Uhr-Erfinder gedacht. Beide sind inzwischen verstorben. Denn zwischen Bali und heute verging ein weiteres Jahr.

Wir saßen nicht mehr im „Bendl", sondern in Kaffeehäusern im 2. Bezirk, wohin ich inzwischen meinen Wiener Wohnsitz verlegt hatte. Es gab Festwochen mit Inszenierungen aus fernen Ländern. In Deutschland wechselten die Festivalchefs, aber nicht die Programme. Und wir reagierten auf die Umstände und darauf, was sie von uns verlangen: Frohsein ohne Optimismus. Umek empfahl mir noch zum Zwecke besserer Akzeptanz in der Welt der Reichen und Schönen gezupfte Augenbrauen und eine Echthaarperücke. Aber meinem Hund Tommy scheint es, was für mich viel zählt, ziemlich wurscht, wie viel Haare ich auf dem Kopf habe und ob ich am Handgelenk eine Prolex trage oder eine Swatch.

Der Tennispräsident bereiste wieder den Globus, mit nicht einmal Zeit genug für einen ordentlichen Jetlag, deutete aber immer wieder an, dass die Veranstaltung stattfinden würde. Neulich kam es überraschend zu einem Abendessen in London. Ich konnte aus Termingründen nicht, und Umek kam mit einer frohen Botschaft zurück. Die Sache käme zu Potte, und in ein paar Wochen könne möglicherweise vieles aufgestellt sein. Dann könnte ich auch erzählen, worum es eigentlich geht.

Selbst wenn in letzter Minute doch nichts zustande kommt: Die lange Zeit der Verhandlungen war eine spannende Recherche. Wenn man heute in der Kultur abseits der eingefahrenen Programme, selbst dort, etwas voranbringen will, muss man bereits genetisch gut ausgestattet sein, um ein Happy End noch zu erleben. Ohne

Menschen wie den Schweizer Tennispräsidenten, der bekanntlich René Stammbach heißt, und nach meinen Erfahrungen eine vollkommene Ausnahmeerscheinung ist, fast ein Wunder, hieße es „Gute Nacht um sechs“. Die heute in Zeiten des Sumpfes nicht versinken und nichts versinken lassen, sind die Helden von morgen. (2010)

Inhalt

Wir danken Ernst Molden für die großzügige Überlassung der Titelzeile „Der Wind ist ein Wiener“ (aus dem Titelsong des Albums „Es Lem“, bei monkey 2011) und Karin Sedlak für die unermüdliche Hilfe bei der Textredaktion.

Textnachweise
8: *Süddeutsche Zeitung, 7.5.2011;* **19:** *Der Freitag, 22.11.2010;* **25:** *Süddeutsche Zeitung, 21.3.2002;* **32:** *Der Freitag, 4.3.2009;* **37:** *Der Freitag, 16.7.2009;* **43:** *Der Freitag, 18.2.2011;* **50:** *Der Freitag, 10.3.2011;* **57:** *Der Freitag, 11.2.2010;* **63:** *Süddeutsche Zeitung, 28.6.2008;* **70:** *Der Freitag, 13.8.2009;* **77:** *Der Freitag, 17.4.2011;* **83:** *Süddeutsche Zeitung, 19.11.2005;* **90:** *Süddeutsche Zeitung, 26.7.2003;* **99:** *Der Freitag, 30.5.2010;* **106:** *Süddeutsche Zeitung, 19.4.2003;* **113:** *Vorwort zu Händl Klaus „Stücke“, Graz 2006;* **121:** *Der Freitag, 26.11.2009;* **126:** *Der Freitag, 18.9.2011;* **133:** *Der Freitag, 6.11.2011;* **140:** *Originalbeitrag;* **146:** *Die Zeit, 4.7.1997;* **159:** *Süddeutsche Zeitung, 9.9.2000;* **166:** *Der Freitag, 10.10.2010*
Sämtliche Texte sind für das vorliegende Buch überarbeitet und zumeist mit neuen Titeln versehen worden.

Bibliografische Information der Deutschen Nationalbibliothek
Die Deutsche Nationalbibliothek verzeichnet die Publikation in der Deutschen Nationalbibliografie; detaillierte bibliografische Daten sind im Internet über http://dnb.ddb.de abrufbar

2. Auflage 2012
Salzburg – Wien, Austria
Projektentwicklung und Lektorat: Andres Müry
Gestaltung: Müry Salzmann Verlag
Druck: Theiss, Wolfsberg
ISBN 978-3-99014-052-9
www.muerysalzmann.at